LES DÎNERS

D1302305

Company's
Coming

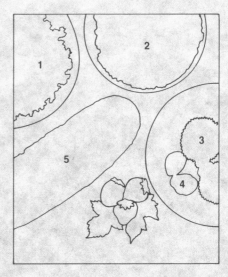

LES DÎNERS

Première édition, avril 1992

ISBN 1-895466-02-2

Publié et distribué par
Company's Coming Publishing Limited
C.P. 8037, Succursale F
Edmonton (Alberta) Canada
T6H 4N9

Imprimé au Canada

Collection de livres de cuisine Company's Coming de Jean Paré :

Livre à couverture rigide, en anglais

JEAN PARÉ'S FAVORITES
VOLUME ONE

Livres à couverture souple, en anglais

150 DELICIOUS SQUARES

CASSEROLES

MUFFINS & MORE

SALADS

APPETIZERS

DESSERTS

SOUPS & SANDWICHES

HOLIDAY ENTERTAINING

COOKIES

VEGETABLES

MAIN COURSES

PASTA

CAKES

BARBECUES

DINNERS OF THE WORLD

LUNCHES

PIES (septembre 1992)

Livres de cuisine de la collection Jean Paré :

Livres à couverture souple, en français

150 DÉLICIEUX CARRÉS

LES CASSEROLES

MUFFINS ET PLUS

LES DÎNERS

LES BARBECUES (mai 1992)

LES TARTES (septembre 1992)

DÉLICES DES FÊTES (novembre 1992)

table des Matières

Jean Paré est originaire d'Irma, petite ville rurale de l'est de l'Alberta (Canada). En grandissant, pendant la Dépression, Jean comprit rapidement que l'important dans la vie, c'est la famille, les amis et les petits plats mijotés à la maison. Jean tient de sa mère, Ruby Elford, son appréciation de la bonne cuisine tandis que son père, Edward Elford, loua même ses premiers essais. Jean quitta la maison familiale munie de recettes éprouvées et animée de son amour des chaudrons et du désir particulier de dévorer les livres de cuisine comme des romans!

Alors qu'elle élevait ses quatre enfants, Jean s'affairait dans sa cuisine, préparant de délicieuses et savoureuses gâteries et de succulents repas pour sa famille et tous ses amis, ce qui lui valut la réputation d'être la maman qui serait heureuse de nourrir le voisinage.

En 1963, ses enfants tous entrés à l'école, Jean offrit de pourvoir la nourriture qui serait servie à l'occasion du 50e anniversaire de l'École d'agriculture de Vermilion, aujourd'hui le Collège Lakeland. Travaillant chez elle, Jean prépara un repas pour plus de mille personnes. Cette petite aventure marqua les débuts d'un florissant service de traiteur qui prospéra pendant plus de dix-huit ans et qui permit à Jean de tester une foule de nouvelles idées et de s'enquérir sur-le-champ de l'avis de ses clients — dont les assiettes vides et les mines réjouies disaient long! Qu'il s'agisse de préparer des amuse-gueules pour une réception à domicile ou de servir un repas chaud à 1 500 personnes, Jean Paré avait la réputation de servir de la bonne nourriture à un prix abordable.

Très souvent, des admirateurs en quête des secrets culinaires de Jean lui demandaient « Pourquoi n'écrivez-vous pas un livre de cuisine? ». À l'automne 1980, Jean faisait équipe avec Grant Lovig, son fils, et ensemble, ils fondaient Company's Coming Publishing Ltd. qui lançait un premier titre, *150 Delicious Squares*, le 14 avril 1981. Quoique personne ne le savait à l'époque, ce livre était le premier d'une série qui deviendrait la collection de livres de cuisine la plus vendue au Canada. Company's Coming sortit un nouveau titre chaque année pendant six ans, puis deux par année à compter de 1987.

L'époque où Jean Paré était installée chez elle, dans une chambre d'ami, est bel et bien révolue. Aujourd'hui, elle travaille dans une grande cuisine d'essai moderne sise à Vermilion (Alberta), non loin de la maison qu'elle et son mari, Larry, ont construite. Company's Coming emploie à temps plein des agents de commercialisation dans les grandes villes canadiennes et dans quelques villes américaines. Le siège social de l'entreprise est à Edmonton (Alberta) et regroupe les fonctions de distribution, de comptabilité et d'administration dans de nouveaux bureaux d'une superficie de 20 000 pieds carrés. Les livres de cuisine Company's Coming sont vendus partout au Canada et aux États-Unis et dans certains pays étrangers. La traduction vers l'espagnol et le français a débuté en 1990.

Jean Paré a un penchant pour les recettes simples aux ingrédients bon marché et faciles à se procurer. Ses merveilleuses recettes, qui ont su résister au passage du temps et qui sont souvent autant de fragments de patrimoine familial, constituent un atout dont aucun cuisinier ne saurait se passer. C'est donc avec grand plaisir que nous vous invitons vous aussi à GOÛTER LA TRADITION.

avant-propos

Le dîner est le repas qui se prête le mieux aux adaptations fantaisistes. Comme festin de midi ou casse-croûte de minuit, un menu de dîner fait toujours l'affaire. Pourtant, il n'est pas toujours évident de choisir le menu qui convient dans différentes occasions.

Dans *LES DÎNERS*, nous vous proposons une foule de suggestions qui feront briller votre table de milles éclats : tant des menus pour plaire à ces dames que pour satisfaire de jeunes appétits, ravir des visiteurs arrivés à l'improviste un dimanche après-midi ou combler des invités de dernière minute.

Le livre est divisé en sections pour en faciliter la consultation. Par exemple, si vous devez préparer un dîner de femmes, consultez la section *Pour ces dames* et servez le Soufflé au fromage ou l'Entremets givré aux framboises. Si vous devez satisfaire de gros mangeurs, il vaudrait mieux servir de la soupe tirée de la section *Salades, sandwiches et soupes*, suivie d'Enchiladas au poulet dont la recette est donnée à la section *Dîners complets*. Quant aux Hamburgers et frites présentés à la section *Pour les jeunes*, ils plaisent toujours aux jeunes.

Pour le quotidien, reportez-vous à la section *Du garde-manger*. Pour un dîner simple et léger, régalez-vous de Canapés aux asperges en crème. Certains sandwiches sont particulièrement alléchants. Ne négligez pas les salades de fruits ou celles aux crevettes qui font un excellent repas à elles seules, simplement accompagnées de pain.

Quand vous n'êtes pas sûr du nombre d'invités que vous attendez, de l'heure de leur arrivée ou de leur appétit, pourquoi ne pas préparer des Sloppy Joes et de la Salade de chou tirés de la section *Les en-cas*. La plupart des mets dont la recette est donnée dans cette section, à l'instar des autres recettes d'ailleurs, se congèlent très bien. Quoique la plupart des aliments cuits peuvent être congelés sans problème, la présentation et les résultats sont toujours meilleurs si le plat est servi frais et que les restes sont congelés.

Bon nombre des menus donnés dans cet ouvrage sont complets; il suffit de les compléter avec des petits pains et des cornichons achetés à l'épicerie et qu'il est d'ailleurs toujours bon d'avoir sous la main. La plupart des recettes sont pour quatre personnes. Si vous savez qu'un plat a toujours un succès énorme, vous pouvez doubler les quantités.

Les recettes incluses dans cet ouvrage vont de légères et amusantes à complètes et ravissantes. Les renvois dans l'index facilitent le choix de recettes pour modifier ou compléter les menus suggérés. Ainsi, que vous soyez sur votre patio en train de profiter de la beauté d'une soirée d'été ou réunis autour d'une grande table par un après-midi d'hiver, c'est l'heure du dîner!

Jean Paré

POUR CES DAMES

MENU UN
Crevettes à la Newburg page 9
Salade mélangée page 13
Petits pains
Cornichons
Gâteau fourré au citron page 21
Café Thé

MENU DEUX
Vol-au-vent de poulet page 12
Salade de chou confetti page 12
Petits pains chauds beurrés
Cornichons
Délice givré page 20
Café Thé

MENU TROIS
Entremets givré aux framboises page 11
Salade Déesse verte page 14
Pêches aux épices page 21
Couronne de pâte levée page 26
Gâteau au fromage et
au curaçao page 24
Café Thé

MENU QUATRE
Soufflé au fromage page 15
Salade iceberg page 11
Petits pains à la crème sûre page 13
Olives, cornichons gherkins
Carrés minute à la
pistache page 16
Café Thé

MENU CINQ
Salade de fruits page 22
Pain grillé beurré
Gâteau roulé aux pommes page 25
Crème glacée
Café Thé

MENU SIX
Poulet nappé page 10
Casserole de riz page 19
Douce Colleen page 9
Abricots aux épices page 19
Sauce aux canneberges
Muffins à la vanille page 14
Carrés au fromage citronnés page 23
Café Thé

CREVETTES À LA NEWBURG

Crevettes dans une sauce veloutée. Un vrai régal.

Beurre ou margarine	$1/3$ tasse	75 mL
Farine tout usage	$1/3$ tasse	75 mL
Sel	$1/2$ c. à thé	2 mL
Poivre	$1/8$ c. à thé	0,5 mL
Lait	1 tasse	225 mL
Crème	$1/2$ tasse	125 mL
Ketchup	3 c. à soupe	50 mL
Jus de citron	1 c. à thé	5 mL
Sauce Worcestershire	$1^1/2$ c. à thé	7 mL
Crevettes cuites	1 lb	454 g
Sherry (ou sherry sans alcool)	2 c. à soupe	30 mL

Faire fondre le beurre dans une grande casserole. Incorporer la farine, le sel et le poivre. Ajouter le lait et la crème. Porter à ébullition et remuer jusqu'à épaississement.

Incorporer le ketchup, le jus de citron et la sauce Worcestershire.

Ajouter les crevettes et le sherry. Faire chauffer à feu doux en remuant. Congeler les restes. Pour 4 personnes.

DOUCE COLLEEN

Un aspic rafraîchissant, légèrement assaisonné.

Gélatine à saveur de lime	3 oz	85 g
Jus d'ananas	1 tasse	250 mL
Fromage cottage, battu jusqu'à ce qu'il soit lisse	1 tasse	250 mL
Crème à fouetter (ou $1/2$ sachet de garniture à dessert)	$1/2$ tasse	125 mL
Feuilles de laitue frisée (facultatives)	4 à 8	4 à 8

Combiner la gélatine et le jus d'ananas dans une petite casserole, à feu moyen. Remuer jusqu'à ce que la gélatine soit dissoute. Laisser refroidir jusqu'à ce que le mélange ait la consistance d'un sirop.

Incorporer le fromage cottage battu à la gélatine en remuant.

(suite...)

Fouetter la crème jusqu'à ce qu'elle soit ferme. L'incorporer, en pliant, à la gélatine. Verser dans des plats individuels ou dans un moule à aspic d'une contenance de 750 mL (3 tasses).

Renverser sur les feuilles de laitue. Décorer avec une tranche de lime. Pour 4 à 6 personnes.

Photo à la page 17.

POULET NAPPÉ

Un plat idéal pour les grandes occasions. On peut le préparer la veille, en réservant la cuisson finale.

Grosses poitrines de poulet, sans peau, avec les os, coupées en deux	**4 lb**	**1,8 kg**
Branche de céleri, tranchée	**1**	**1**
Carotte, tranchée	**1**	**1**
Sel	**2 c. à thé**	**10 mL**
Eau pour couvrir		
Brocoli, bouquets seulement	**2 lb**	**900 g**
Eau salée bouillante		
Crème de poulet condensée	**10 oz**	**284 mL**
Sauce à salade (ou mayonnaise)	**¹/₂ tasse**	**125 mL**
Bouillon de poulet, réservé	**¹/₂ tasse**	**125 mL**
Poudre de curry	**1 c. à thé**	**5 mL**
Fromage cheddar mi-fort, râpé	**1 tasse**	**250 mL**
Chapelure, pour saupoudrer		

Déposer le poulet et les morceaux de céleri et de carottes, additionnés du sel, dans une grande casserole. Couvrir d'eau. Cuire jusqu'à ce que le poulet et les légumes soient tendres, environ 35 minutes. Retirer les os. Couper la viande en gros morceaux ou en tranches. Placer le poulet au centre d'un plat de 22 x 33 cm (9 x 13 po). Prélever et réserver 125 mL (¹/₂ tasse) de bouillon.

Cuire le brocoli dans de l'eau bouillante salée jusqu'à ce qu'il soit tendre. Égoutter. Disposer le brocoli autour du poulet.

Mélanger la soupe, la sauce à salade, le bouillon de poulet réservé et la poudre de curry. Napper le poulet et le brocoli de cette sauce.

Saupoudrer de fromage et de chapelure. Cuire au four, à découvert, à 180°C (350 °F) jusqu'à ce que ce soit chaud et que le fromage ait fondu, environ 35 minutes. Congeler les restes. Pour 6 personnes.

ENTREMETS GIVRÉ AUX FRAMBOISES

Si délicieux que vous aurez l'impression de commencer par le dessert.

Pommes à cuire, pelées, tranchées (McIntosh par exemple)	3	3
Eau	1 tasse	250 mL
Gélatine à saveur de framboise	3 oz	85 g
Framboises surgelées dans un sirop épais, à demi décongelées	10 oz	284 g

COUCHE SUPÉRIEURE

Crème à fouetter (ou 1 sachet de garniture à dessert)	1 tasse	250 mL
Fromage à la crème ramolli	4 oz	125 g
Sucre granulé	2 c. à soupe	30 mL
Vanille	1 c. à thé	5 mL

Cuire les pommes dans l'eau jusqu'à ce qu'elles soient molles.

Y ajouter la gélatine et remuer jusqu'à ce qu'elle soit dissoute.

Ajouter les framboises et leur sirop. Remuer jusqu'à ce que les framboises soient complètement décongelées. Verser dans un plat de 20 × 20 cm (8 × 8 po). Laisser prendre au réfrigérateur.

Couche supérieure - Fouetter la crème jusqu'à ce qu'elle soit ferme. La mettre de côté.

Avec les mêmes fouets, battre le fromage, le sucre et la vanille jusqu'à ce que le mélange soit lisse et léger. L'incorporer, en pliant, à la crème fouettée. Étaler le mélange sur la gélatine. Réfrigérer. Couper en 9 carrés.

SALADE ICEBERG

C'est la tête de laitue iceberg qui donne tout son panache à cette salade.

Laitue iceberg, petite tête, découpée	1	1
Tomates cerises entières ou en moitiés	12	12
Concombre moyen, tranché	1	1
Vinaigrette crémeuse à l'italienne	1/4 tasse	50 mL

Dans un grand bol, mettre la laitue, les tomates et le concombre. Réfrigérer.

Ajouter la vinaigrette juste avant de servir et mélanger. Pour 4 personnes.

VOL-AU-VENT DE POULET

Des vol-au-vent débordants de sauce au poulet qui peut également être servie sur du pain grillé, comme hors-d'œuvre ou comme plat de résistance.

Vol-au-vent	8	8
GARNITURE		
Beurre ou margarine	¼ tasse	60 mL
Carottes râpées	½ tasse	125 mL
Farine tout usage	¼ tasse	60 mL
Bouillon de poulet en poudre	2 c. à thé	10 mL
Sel	1 c. à thé	5 mL
Poivre	⅛ c. à thé	0,5 mL
Poudre d'oignon	¼ c. à thé	1 mL
Lait	3 tasses	700 mL
Poulet cuit, coupé en cubes	2 tasses	500 mL
Champignons en conserve, tranchés et égouttés	10 oz	284 mL
Pimientos hachés	2 c. à soupe	30 mL

Cuire les vol-au-vent en suivant les directives données sur l'emballage.

Garniture - Faire fondre le beurre dans une grande casserole. Ajouter les carottes. Les faire attendrir jusqu'à ce qu'elles soient cuites, sans les laisser brunir.

Saupoudrer les carottes de farine, de bouillon de poulet en poudre, de sel, de poivre et de poudre d'oignon. Mélanger. Ajouter le lait et porter à ébullition, en remuant jusqu'à épaississement.

Ajouter le poulet, les champignons et les pimientos. Réchauffer.

Remplir les vol-au-vent et les napper. La garniture se congèle très bien.
Pour 4 personnes.

Photo à la page 17.

SALADE DE CHOU CONFETTI

Truffée de tomates rouges et d'oignons verts. Un changement de goût agréable.

Chou râpé, tassé	3 tasses	750 mL
Carotte râpée, grosseur moyenne	1	1
Oignons verts hachés	2 c. à soupe	30 mL
Tomate, hachée	1	1

(suite...)

SAUCE

Sauce à salade (ou mayonnaise)	$1/2$ tasse	125 mL
Lait	2 c. à soupe	30 mL
Moutarde préparée	$1/2$ c. à thé	2 mL
Sucre granulé	1 c. à thé	5 mL
Poudre d'oignon	$1/4$ c. à thé	1 mL
Graines de céleri	$1/4$ c. à thé	1 mL
Sel	$1/8$ c. à thé	0,5 mL

Mettre les 4 premiers ingrédients dans un bol. Les mélanger légèrement. Réfrigérer.

Mayonnaise - Mélanger les 7 ingrédients. Verser la sauce sur la salade. Mélanger et servir. Pour 4 personnes.

PETITS PAINS À LA CRÈME SÛRE

La crème sûre, en plus d'humecter la pâte, remplace le shortening dans cette recette des plus simples.

Farine tout usage	2 tasses	500 mL
Sucre granulé	$1^1/2$ c. à soupe	25 mL
Poudre à pâte	4 c. à thé	20 mL
Bicarbonate de soude	$1/2$ c. à thé	2 mL
Sel	1 c. à thé	5 mL
Crème sûre	$1^1/2$ tasse	375 mL

Placer les 5 premiers ingrédients dans un bol. Mélanger.

Ajouter la crème sûre et mélanger jusqu'à obtenir une pâte douce. Abaisser la pâte à 2 cm ($3/4$ po) d'épaisseur, travaillant sur une surface légèrement enfarinée. Déposer sur une tôle graissée. Cuire au four à 425 °C (220 °F) jusqu'à ce que les petits pains soient dorés, environ 12 à 15 minutes. Les petits pains se congèlent très bien. Donne 16 petits pains.

SALADE MÉLANGÉE

Une belle salade garnie de fromage, de radis et d'oignons verts.

Laitue, tranchée ou en lanières, légèrement tassée	4 tasses	1 L

(suite...)

Fromage cheddar mi-fort, râpé	½ tasse	125 mL
Petits pois frais ou surgelés, cuits et refroidis	1 tasse	250 mL
Radis, tranchés fin	4 à 6	4 à 6
Oignons verts, tranchés	2	2
Sauce à salade (ou mayonnaise)	⅓ tasse	75 mL
Lait	2 c. à soupe	30 mL
Sucre granulé	½ c. à thé	2 mL

Mélanger les 5 premiers ingrédients dans un grand bol. Réfrigérer.

Mélanger la sauce à salade, le lait et le sucre dans un petit bol. Juste avant de servir, en arroser la salade. Mélanger pour napper les feuilles de salade. Pour 4 personnes.

Photo à la page 17.

MUFFINS À LA VANILLE

Ces muffins complémentent tous les plats.

Beurre ou margarine, ramolli	¼ tasse	60 mL
Sucre granulé	⅓ tasse	75 mL
Œufs	2	2
Vanille	1 c. à thé	5 mL
Lait	⅔ tasse	150 mL
Farine tout usage	2 tasses	450 mL
Poudre à pâte	4 c. à thé	20 mL
Sel	1 c. à thé	5 mL

Battre en crème le beurre et le sucre. Incorporer les œufs sans cesser de battre le mélange. Ajouter la vanille et le lait. Mélanger.

Ajouter la farine, la poudre à pâte et le sel. Mélanger juste ce qu'il faut pour humecter les ingrédients. Remplir aux trois quarts les moules à muffins graissés. Cuire au four, à 200 °C (400 °F) pendant 20 à 25 minutes ou jusqu'à ce qu'un cure-dents inséré dans le milieu d'un muffin ressorte sec. Les muffins se congèlent très bien. Donne 12 muffins.

SALADE DÉESSE VERTE

La sauce de cette salade contient du persil haché et de la pâte d'anchois.

SAUCE DÉESSE VERTE

Sauce à salade (ou mayonnaise)	⅓ tasse	75 mL

(suite...)

Crème sûre	1/3 tasse	75 mL
Oignons verts hachés	1 1/2 c. à soupe	25 mL
Persil haché (ou 1/2 c. à thé, 2 mL de flocons)	1 1/2 c. à soupe	25 mL
Pâte d'anchois	2 c. à thé	10 mL
Jus de citron	1 1/2 c. à thé	7 mL
Flocons d'estragon	1/2 c. à thé	2 mL
Tête de laitue, coupée en bouchées, légèrement tassée	10 tasses	2,5 L

Sauce Déesse verte - Bien mélanger les 7 premiers ingrédients dans un bol. Réfrigérer pendant quelques heures ou mieux, toute une nuit. Donne 250 mL (1 tasse).

Mettre la laitue dans un grand bol. Mélanger la moitié de la sauce à la salade. En ajouter, au goût, et bien mélanger. Pour 8 personnes.

SOUFFLÉ AU FROMAGE

Pour une première tentative, ce soufflé est idéal. Sa consistance et son goût sont sans pareil. Il est tout simplement fantastique!

Lait	1 1/3 tasse	300 mL
Tapioca instantané	1/4 tasse	60 mL
Sel	1 c. à thé	5 mL
Fromage cheddar mi-fort râpé	1 tasse	250 mL
Blancs d'œufs, à la température de la pièce	4	4
Jaunes d'œufs	4	4

Verser le lait dans une casserole. Y ajouter le tapioca et le sel. Porter à ébullition en remuant, à feu moyen. Retirer du feu.

Ajouter le fromage. Remuer jusqu'à ce qu'il ait fondu et soit bien incorporé.

Fouettez les blancs d'œufs en neige ferme. Les mettre de côté.

Dans un petit bol, fouetter les jaunes d'œufs jusqu'à ce qu'ils aient épaissi et soient jaune citron. Y incorporer le mélange de tapioca. Remuer rapidement pour éviter que le mélange se grumelle. Incorporer ce mélange aux blancs d'œufs, en pliant. Verser dans un moule à soufflé ou dans un plat de cuisson à bord droit, non graissé, d'une contenance de 1,35 mL (6 tasses). Avec un couteau, tracer une ligne sur la circonférence du mélange, à 2,5 cm (1 po) du bord. Déposer le moule dans un récipient rempli d'eau chaude. Cuire au four à 180 °C (350 °F) jusqu'à ce que le soufflé soit ferme au milieu, sur le dessus, environ 40 minutes. Servir aussitôt. Il ne faut pas congeler ce plat. Pour 4 à 6 personnes.

CARRÉS MINUTE À LA PISTACHE

Légers et délectables, ces carrés peuvent être faits à l'avance et réfrigérés.

CROÛTE

Beurre ou margarine	1/3 tasse	75 mL
Chapelure de biscuits Graham	1 1/2 tasse	350 mL
Sucre granulé	3 c. à soupe	50 mL

GARNITURE

Ananas broyé dans son jus	14 oz	398 mL
Pudding instantané à la pistache, format 4 portions	1	1
Petites guimauves blanches	2 tasses	500 mL
Crème à fouetter (ou 1 sachet de garniture à dessert)	1 tasse	250 mL

Croûte - Faire fondre le beurre dans un poêlon. Incorporer la chapelure et le sucre. Réserver 1/4 tasse (50 mL) du mélange pour la garniture et presser le reste dans un moule de 22 x 22 cm (9 x 9 po) non graissé.

Garniture - Mélanger l'ananas, son jus et le mélange à pudding dans un bol moyen. Ajouter les guimauves. Remuer. Laisser reposer 1 heure.

Fouetter la crème jusqu'à ce qu'elle soit ferme. L'incorporer, en pliant, au mélange préparé avant. Saupoudrer avec la chapelure mise de côté. Réfrigérer. Pour 9 personnes.

1. Couronne de pâte levée page 26
2. Fruits nappés page 118
3. Vol-au-vent de poulet page 12
4. Douce Colleen page 9
5. Salade mélangée page 13

CASSEROLE DE RIZ

Ce plat gratiné au Monterey Jack et garni d'amandes a l'élégance voulue pour ravir des invités.

Eau	3 tasses	750 mL
Riz à grains longs	1¹/₂ tasse	375 mL
Sel	³/₄ c. à thé	4 mL
Beurre ou margarine	1¹/₂ c. à soupe	25 mL
Oignon haché fin	¹/₃ tasse	75 mL
Fromage Monterey Jack râpé	1¹/₂ tasse	375 mL
Flocons de persil	1¹/₂ c. à thé	7 mL
Crème sûre	1¹/₂ tasse	375 mL
Fromage Monterey Jack râpé	1¹/₂ tasse	375 mL
Amandes tranchées ou effilées	3 c. à soupe	50 mL

Mettre l'eau, le riz et le sel dans une casserole. Porter à ébullition. Couvrir et laisser mijoter quelque 15 minutes, jusqu'à ce que le riz soit cuit et que toute l'eau ait été absorbée.

Faire fondre le beurre dans une petite poêle. Ajouter l'oignon. Le faire revenir jusqu'à l'attendrir. L'ajouter au riz.

Ajouter la première quantité de fromage, les flocons de persil et la crème sûre au riz. Verser dans un plat d'une contenance de 3 L (2¹/₂ pte).

Saupoudrer avec le reste de fromage et les amandes. Cuire au four, à découvert, à 180 °C (350°F) quelque 30 minutes, jusqu'à ce que la casserole soit bien chaude et dorée. Congeler les restes. Pour 6 personnes.

ABRICOTS AUX ÉPICES

Un accompagnement des plus colorés.

Abricots en conserve, égouttés, réserver le jus	14 oz	398 mL
Jus réservé		
Cassonade	3 c. à soupe	50 mL
Vinaigre	1 c. à soupe	15 mL
Cannelle	¹/₈ c. à thé	0,5 mL
Muscade	¹/₈ c. à thé	0,5 mL
Gingembre	¹/₈ c. à thé	0,5 mL

(suite...)

Couper les abricots en moitiés. Jeter les noyaux.

Verser le jus réservé dans un poêlon. Y ajouter les autres ingrédients. Porter à ébullition. Faire mijoter doucement en incorporant les moitiés d'abricots. Laisser mijoter pendant 10 minutes. Retirer les abricots avec une écumoire. Les disposer dans un petit légumier. Pour 4 personnes.

Photo à la page 53.

DÉLICE GIVRÉ

Un dessert gaufré léger, fourré à la crème aux noix et au chocolat.

FONDS GAUFRÉ

Chapelure de gaufrettes à la vanille	1¼ tasse	275 mL
Beurre ou margarine, ramolli	¼ tasse	60 mL

FOURRAGE

Crème à fouetter (ou 1 sachet de garniture à dessert)	1 tasse	250 mL
Beurre ou margarine, ramolli	½ tasse	125 mL
Lait	¼ tasse	60 mL
Vanille	1 c. à thé	5 mL
Sucre à glacer	2 tasses	500 mL
Cacao	3 c. à soupe	50 mL
Pacanes ou noix de Grenoble hachées	¾ tasse	175 mL

Fonds - Mélanger la chapelure et le beurre jusqu'à consistance granuleuse. Presser environ la moitié du mélange dans un moule de 20 × 20 cm (8 × 8 po) non graissé.

Fourrage - Dans un petit bol, fouetter la crème jusqu'à ce qu'elle soit ferme. La mettre de côté.

Mélanger le beurre, le lait, la vanille, le sucre à glacer et le cacao dans un autre bol. Avec les mêmes fouets, commencer par battre doucement le mélange pour éviter les éclaboussures de lait. Continuer de battre le mélange jusqu'à ce qu'il soit pâle et léger.

Ajouter les noix, en remuant. Ajouter la crème, en pliant. Étaler le mélange sur le fonds gaufré placé dans le moule. Réfrigérer plusieurs heures ou toute une nuit. Pour 9 personnes.

PÊCHES AUX ÉPICES

Un condiment qui égaie les assiettes.

Eau bouillante	$^1/_3$ tasse	75 mL
Riz à cuisson rapide	$^1/_3$ tasse	75 mL
Pincée de sel		
Cassonade	1 c. à soupe	15 mL
Cannelle	$^1/_8$ c. à thé	0,5 mL
Beurre ou margarine	1 c. à thé	5 mL
Moitiés de pêches en conserve, égouttées	4	4
Amandes tranchées ou effilées	20 à 30	20 à 30

Mélanger l'eau bouillante, le riz et le sel dans un poêlon. Cuire à la vapeur, à feu doux, jusqu'à attendrir le riz. Retirer du feu.

Ajouter le sucre, la cannelle et le beurre. Bien mélanger.

Disposer les pêches, côté cavité du noyau vers le haut, dans un petit plat de cuisson ou sur une lèchefrite. Remplir les cavités des pêches de riz.

Piquer d'amandes le mélange de riz. Passer sous la rampe du gril pendant 4 à 5 minutes. Servir avec une salade, en ayant soin d'éviter que les pêches touchent la salade. Pour 4 personnes. Doubler la recette pour 8 personnes.

GÂTEAU FOURRÉ AU CITRON

Un élégant gâteau citronné aux fines couches étagées. Une fin légère et rafraîchissante à l'heure du dîner.

Garniture de tarte au citron (pour 1 tarte)	1	1
Jaunes d'œufs	2	2
Blancs d'œufs, à la température de la pièce	2	2
Pain de savoie, prêt à utiliser, entier ou non	12 oz	341 g
Crème à fouetter (ou 1 sachet de garniture à dessert)	1 tasse	250 mL
Sucre granulé	2 c. à thé	10 mL
Vanille	$^1/_2$ c. à thé	2 mL

(suite...)

Préparer la garniture de tarte au citron, avec 2 jaunes d'œufs, en suivant les directives données sur l'emballage. Retirer du feu.

Dans un petit bol, fouetter les blancs d'œufs en neige ferme. Incorporer, en pliant, au mélange chaud.

Couper le gâteau en tranches de 8 à 12 mm ($^1/_3$ à $^1/_2$ po) d'épaisseur. Tapissez de papier d'aluminium le fonds d'un moule à pain de 23 × 12 cm (9 × 5 po). Assembler le gâteau tel qu'indiqué ci-après, puis réfrigérer.

1. Tranches de gâteau.
2. Moitié du fourrage au citron.
3. Tranches de gâteau.
4. Moitié du fourrage au citron.
5. Tranches de gâteau.

Dans un petit bol, battre la crème, le sucre et la vanille jusqu'à obtenir un mélange épais. Servir le gâteau en tranches garnies de crème fouettée ou décorer le dessus et les côtés de chaque tranche. On peut aussi recouvrir tout le gâteau de crème fouettée. Pour 4 personnes, avec des restes.

SALADE DE FRUITS

Une salade pratique. Rajuster les quantités en fonction des fruits choisis. Un excellent dîner, qui fait un repas à lui tout seul.

SAUCE

Huile à cuisson	1 c. à soupe	15 mL
Miel	$^1/_4$ tasse	60 mL
Vinaigre	4 c. à thé	20 mL
Graines de céleri	$^1/_2$ c. à thé	2 mL
Paprika	$^1/_4$ c. à thé	1 mL
Sel	$^1/_4$ c. à thé	1 mL
Poivre	$^1/_{16}$ c. à thé	0,5 mL

SALADE

Fromage cottage	2 tasses	500 mL
Pamplemousse rose, pelée, en bouchées	1	1
Orange, pelée, en bouchées	1	1
Melon d'eau, pelé, en bouchées	1 tasse	250 mL
Cantaloup façonné en boules ou morceaux ou des framboises	1 tasse	250 mL
Kiwis, pelés, en bouchées	2	2

(suite...)

Fraises tranchées	1 tasse	250 mL
Bananes, pelées et tranchées	1	1
Tranches de pain, grillées et beurrées	8 à 10	8 à 10

Sauce - Bien mélanger les 7 ingrédients.

Salade - Mettre une grosse cuillerée de fromage cottage dans 4 assiettes, au milieu.

Disposer les prochains 7 fruits en grappes, autour du fromage cottage. Arroser de sauce juste avant de servir. Ou encore, mélanger les fruits avec la sauce avant de les disposer autour du fromage cottage.

Servir avec du pain grillé coupé en diagonale. Pour 4 personnes.

Photo à la page 89.

CARRÉS AU FROMAGE CITRONNÉS

Un dessert léger, pas trop sucré.

CROÛTE
Beurre ou margarine	$1/3$ tasse	75 mL
Chapelure de biscuits Graham	$1^1/4$ tasse	275 mL
Sucre granulé	2 c. à soupe	30 mL

GARNITURE
Gélatine à saveur de citron	3 oz	85 g
Eau bouillante	1 tasse	225 mL
Fromage à la crème, ramolli	8 oz	250 g
Sucre granulé	$1/2$ tasse	125 mL
Jus de citron	2 c. à soupe	30 mL
Crème à fouetter (ou 1 sachet de garniture à dessert)	1 tasse	250 mL
Chapelure réservée	3 c. à soupe	50 mL

Croûte - Faire fondre le beurre dans une casserole. Incorporer la chapelure de biscuits Graham et le sucre. Prélever et réserver 50 mL (3 c. à soupe) de chapelure pour la garniture. Presser le reste du mélange de chapelure dans un plat de 22 × 22 cm (9 × 9 po) non graissé. Mettre de côté.

Garniture - Dissoudre la gélatine dans l'eau bouillante, dans un bol.

(suite...)

23

Dans un petit bol, battre le fromage à la crème, le sucre et le jus de citron jusqu'à ce que le mélange soit lisse. Incorporer la gélatine tiédie, en battant lentement. Réfrigérer jusqu'à ce que le mélange commence à prendre.

Fouetter la crème jusqu'à ce qu'elle soit ferme. L'incorporer au mélange en pliant. Verser le mélange dans la croûte.

Saupoudrer de chapelure réservée. Réfrigérer. Couper en 9 ou 12 morceaux.

GÂTEAU AU FROMAGE ET AU CURAÇAO

Ce gâteau au fromage est d'une suprême délicatesse au goût.

CROÛTE

Beurre ou margarine	$^1/_3$ **tasse**	**75 mL**
Chapelure de biscuits Graham	**1$^1/_4$ tasse**	**275 mL**
Cassonade	**2 c. à soupe**	**30 mL**

GARNITURE

Gélatine sans saveur	**2 × $^1/_4$ oz**	**2 × 7 g**
Eau	$^1/_3$ **tasse**	**75 mL**
Fromage à la crème, ramolli	**8 oz**	**250 g**
Fromage cottage	**1 tasse**	**250 mL**
Crème sûre	$^1/_2$ **tasse**	**125 mL**
Sucre granulé	$^1/_2$ **tasse**	**125 mL**
Zeste d'orange râpé	**1**	**1**
Jus d'une orange	**1**	**1**
Curaçao (liqueur à l'orange)	**3 c. à soupe**	**50 mL**
Crème à fouetter (ou 1 sachet de garniture à dessert)	**1 tasse**	**250 mL**

DÉCORATION

Crème à fouetter (ou $^1/_2$ sachet de garniture à dessert)	$^1/_2$ **tasse**	**125 mL**
Sucre granulé	**1 c. à thé**	**5 mL**
Vanille	$^1/_2$ **c. à thé**	**2 mL**

Quartiers de mandarine (facultatifs)

Croûte - Faire fondre le beurre dans une casserole. Incorporer la chapelure et le sucre. Presser dans un moule de 20 cm (8 po) à fond amovible. Réfrigérer.

Garniture - Saupoudrer la gélatine sur l'eau, dans un poêlon. Laisser gonfler pendant 5 minutes. Faire chauffer et remuer pour dissoudre la gélatine.

(suite...)

Dans un bol, fouetter le fromage à la crème et le fromage cottage jusqu'à ce que le mélange soit lisse. Sans cesser de fouetter, ajouter les 5 prochains ingrédients, dans l'ordre donné. Ajouter le mélange de gélatine et battre.

Fouetter la crème jusqu'à ce qu'elle soit ferme. L'incorporer, en pliant, au mélange de fromage, jusqu'à ce qu'il soit lisse. Verser le mélange dans le moule. Réfrigérer. Démouler.

Décoration - Fouetter la crème, le sucre et la vanille jusqu'à ce que le mélange soit ferme. Emplir de cette crème une poche munie d'une douille, puis décorer de volutes le pourtour du gâteau.

Disposer des quartiers de mandarine sur la crème, à raison d'un par part de gâteau, ou les placer directement sur le gâteau. Pour 8 à 12 personnes.

Photo à la page 71.

GÂTEAU ROULÉ AUX POMMES

Ce dessert régale les yeux autant que le palais. En fait, il est dur à croire qu'il est aussi bon que beau.

Farine tout usage	2 tasses	450 mL
Poudre à pâte	1 c. à thé	5 mL
Sel	¹/₂ c. à thé	2 mL
Beurre ou margarine	6 c. à soupe	100 mL
Lait	³/₄ tasse	175 mL
Pommes à cuire, pelées, évidées et hachées (McIntosh par exemple)	4 tasses	1 L
Eau	2 tasses	450 mL
Sucre granulé	1¹/₂ tasse	375 mL

Beurre ou margarine, pour garnir
Sucre granulé, pour saupoudrer
Cannelle, pour saupoudrer

Crème glacée à la vanille

Mettre les 4 premiers ingrédients dans un bol. Ajouter le beurre, en coupant, jusqu'à consistance granuleuse.

Ajouter le lait. Mélanger jusqu'à obtenir une boule de pâte. Abaisser la pâte en rectangle de 22 × 30 cm (9 × 12 po), à 6 mm (¹/₄ po) d'épaisseur.

Étaler les pommes sur la pâte. Rouler la pâte, partant du côté le moins large.

Faire bouillir l'eau et la première quantité de sucre dans un poêlon, à petits bouillons, quelque 5 minutes. Verser dans un plat de 22 × 33 cm (9 × 13 po).

(suite...)

Découper le rouleau en tranches de 4 cm (1¹/₂ po) d'épaisseur. Déposer les tranches dans le sirop, côté tranché vers le fond du plat.

Garnir de beurre. Mélanger le sucre et la cannelle, puis en saupoudrer les tranches roulées. Cuire au four à 230 °C (450 °F) quelque 25 minutes, jusqu'à ce que les pommes soient tendres.

Servir chaud avec de la crème glacée. Se congèle bien. Pour 6 personnes.

COURONNE DE PÂTE LEVÉE

Épatante!

Boule de pâte à pain blanc surgelée, dégelée	1	1
Fruits mélangés confits, hachés	³/₄ tasse	175 mL
Cannelle	¹/₂ c. à thé	2 mL
Cassonade	2 c. à soupe	30 mL
GLAÇAGE		
Sucre à glacer	¹/₂ tasse	125 mL
Jus de citron	1 c. à soupe	15 mL
Cerises confites, en quartiers	6	6
Amandes tranchées, grillées au four à 350° F (180° C) pendant 5 à 10 minutes	2 c. à soupe	30 mL

Sur une surface légèrement enfarinée, abaisser la pâte en un rectangle de 25 × 25 cm (10 × 14 po).

Étaler les fruits confits sur la pâte.

Mélanger la cannelle et la cassonade. En saupoudrer les fruits. Avec de l'eau, humecter les 2 bords courts et 1 bord long du rectangle de pâte. Partant du long bord qui n'est pas humecté, rouler la pâte. Sceller le bord. Placer le rouleau dans un moule à savarin graissé d'une contenance de 2,7 L (12 tasses). Sceller les deux bouts ensemble. Couvrir et laisser reposer dans un endroit tiède jusqu'à ce que la pâte ait doublé de volume. Cuire au four à 200 °C (400 °F) quelque 30 minutes, jusqu'à ce que le dessus soit doré. Laisser refroidir avant de glacer.

Glaçage - Mélanger le sucre à glacer et le jus de citron dans une petite cruche. Ajouter du sucre ou du citron au besoin, de manière à obtenir un coulis épais. Avec une cuillère, arroser le dessus de la couronne, en laissant le glaçage couler sur les bords.

Décorer le dessus de la couronne avec les cerises et les amandes. Se congèle bien. Pour 8 personnes.

Photo à la page 17.

DU GARDE-MANGER

MENU UN
Croustades de corned-beef page 38
Carottes glacées page 28
Salade à l'orange page 32
Crème renversée page 28
Café Thé

MENU DEUX
Crème de pommes de terre page 34
Craquelins
Poulet en crème sur canapé page 33
Entremets de poires au brandy page 31
Café Thé

MENU TROIS
Fricassé du midi page 29
Nouilles au beurre page 133
Méli-mélo de haricots page 32
Cornichons
Petits pains de maïs page 28
Gâteau au gingembre page 37
Sauce au citron page 128
Café Thé

MENU QUATRE
Jambon glacé page 33
Riz minute page 30
Maïs en crème page 31
Cornichons
Petits pains
Grands-pères flottants page 39
Café Thé

MENU CINQ
Bisque de crabe page 30
Canapés aux asperges en crème page 29
Croustillant aux pêches page 37
Café Thé

CRÈME RENVERSÉE

Un dessert léger comme un nuage et qui en plus est bon pour la santé.

Œufs	3	3
Lait	2 tasses	450 mL
Sucre granulé	1/4 tasse	50 mL
Vanille	1 c. à thé	5 mL
Sel	1/4 c. à thé	1 mL

Muscade, pour saupoudrer

Dans un bol, fouetter les œufs jusqu'à ce qu'ils soient mousseux. Incorporer le lait, le sucre, la vanille et le sel. Verser dans un plat d'une contenance de 1 L (1 pte).

Saupoudrer de muscade. Placer le plat dans un récipient d'eau chaude. Cuire au four à 160 °C (325 °F) environ 1 heure, jusqu'à ce qu'un couteau inséré au milieu ressorte propre. Pour 4 personnes.

CAROTTES GLACÉES

Un accompagnement simple et coloré. Des carottes surgelées font également l'affaire.

Mini-carottes, entières	1 lb	454 g
Eau bouillante salée		
Beurre ou margarine	1 1/2 c. à soupe	25 mL
Sucre granulé	1 c. à thé	5 mL

Attendrir les carottes dans de l'eau bouillante salée. Égoutter.

Y ajouter le beurre et le sucre. Secouer la casserole pour napper les carottes. Pour 4 personnes.

Photo à la page 53.

PETITS PAINS DE MAÏS

Un petit pain à la cuillère des plus exquis. Pour humecter le mélange, on se sert de maïs en crème.

Mélange à pâte à biscuits	1 1/2 tasse	375 mL
Maïs en crème, en conserve	1 tasse	250 mL
Beurre ou margarine, fondu	1/2 tasse	125 mL

(suite...)

Dans un bol, mêler le mélange à pâte à biscuits et le maïs.

Déposer la pâte, à la petite cuillère, dans le beurre fondu. Napper. Placer les petits monticules de pâte sur une tôle à biscuits. Cuire à 200 °C (400 °F) pendant 15 à 20 minutes, jusqu'à ce que les biscuits aient gonflé et doré. Les petits pains se congèlent très bien. Donne environ 12 petits pains.

CANAPÉS AUX ASPERGES EN CRÈME

Vrai régal au printemps, ce plat se mange à l'année longue. Il peut être confectionné avec des asperges en conserve, surgelées ou fraîches.

SAUCE À LA CRÈME

Beurre ou margarine	$^1/_3$ **tasse**	**75 mL**
Farine tout usage	$^1/_3$ **tasse**	**75 mL**
Sel	$^3/_4$ **c. à thé**	**4 mL**
Poivre	$^1/_8$ **c. à thé**	**0,5 mL**
Lait	**1$^1/_2$ tasse**	**350 mL**
Tranches de pain, grillées et beurrées	**8**	**8**
Pointes d'asperges cuites, fraîches, en conserve ou surgelées, égouttées	**40**	**40**

Sauce - Faire fondre le beurre dans une casserole. Y incorporer la farine, le sel et le poivre. Ajouter le lait, remuant jusqu'à ébullition et épaississement. Ajouter du lait si la sauce est trop épaisse.

Placer 2 tranches de pain grillé sur chaque assiette. Disposer 5 pointes d'asperges chaudes sur chaque tranche de pain et napper le tout de sauce. Pour 4 personnes.

FRICASSÉ DU MIDI

On ne peut demander mieux du garde-manger.

Hachis de viande en conserve (Prem, Spam, Klik, Kam)	**2 × 12 oz**	**2 × 341 g**
Cassonade, tassée	**1 tasse**	**250 mL**
Moutarde préparée	**1$^1/_2$ c. à thé**	**7 mL**
Jus d'orange	**6 c. à soupe**	**100 mL**

Couper la viande en tranches d'environ 8 mm ($^1/_3$ po) d'épaisseur et les déposer dans une poêle à frire. La cuisson peut se faire en 2 tournées.

Mélanger le sucre, la moutarde et le jus d'orange dans un petit bol. Ajouter davantage de moutarde, au goût. Arroser la viande de cette sauce, en ayant

(suite...)

soin de couvrir chaque tranche. Retourner, faire dorer et glacer des deux côtés. Congeler les restes. Pour 4 personnes, largement. La recette peut être exécutée avec une seule boîte de hachis de viande, mais les portions seront nettement plus petites et il ne faut alors se servir que de la moitié de la sauce.

BISQUE DE CRABE

Un potage onctueux, assez riche pour être servi en petites portions.

Crème de poulet condensée	10 oz	284 mL
Crème de champignons condensée	10 oz	284 mL
Lait	1^1/$_3$ tasse	300 mL
Crabe en conserve, sans cartilage	5 oz	142 g
Sel	^{1}/$_4$ c. à thé	1 mL
Poivre	^{1}/$_8$ c. à thé	0,5 mL
Sherry (ou sherry sans alcool)	1 c. à soupe	15 mL

Mélanger les 3 premiers ingrédients dans une casserole, à feu moyen. Remuer jusqu'à ce que le mélange soit lisse.

Ajouter le crabe, le sel, le poivre et le sherry. Porter à ébullition et servir. Se congèle bien. Pour 4 personnes, en portions de 250 mL (1 tasse).

RIZ MINUTE

On laisse mijoter ce riz minute quelques instants pour l'humecter et l'attendrir.

Eau	1^1/$_2$ tasse	350 mL
Bouillon de poulet en poudre	2 c. à thé	10 mL
Beurre ou margarine	1 c. à soupe	15 mL
Sel	^{1}/$_2$ c. à thé	2 mL
Riz à cuisson rapide	1^1/$_2$ tasse	350 mL

Mettre l'eau, le bouillon en poudre, le beurre et le sel dans une casserole, à feu moyen. Porter à ébullition.

Ajouter le riz. Remuer et couvrir. Mijoter 1 minute, en ajoutant un petit peu d'eau bouillante, puis d'autre au besoin. Congeler les restes.
Pour 4 personnes.

ENTREMETS DE POIRES AU BRANDY

Un dessert splendide.

Poires, pelées et tranchées	3	3
Raisins secs	2 c. à soupe	30 mL
Noix de Grenoble	2 c. à soupe	30 mL
Brisures de chocolat mi-sucré	2 c. à soupe	30 mL
Sirop de maïs léger	2 c. à soupe	30 mL
Essence de brandy	1 c. à thé	5 mL
Farine tout usage	$^2/_3$ tasse	150 mL
Cassonade, tassée	$^1/_3$ tasse	75 mL
Beurre ou margarine	$^1/_4$ tasse	60 mL
Sel	$^1/_8$ c. à thé	0,5 mL

Disposer les poires dans un plat d'une contenance de 1 L (1 pte). Répandre les raisins, les noix de Grenoble et les brisures de chocolat sur les poires.

Mélanger le sirop de maïs et l'essence de brandy. En arroser les fruits.

Mélanger la farine, le sucre, le beurre et le sel dans un petit bol jusqu'à consistance grumeleuse. Répandre ce mélange sur les fruits. Cuire à décou-vert à 180 °C (350 °F) pendant 30 à 40 minutes, jusqu'à ce que le dessus soit doré et que les poires soient tendres. Servir tiède. Pour 4 personnes.

MAÏS EN CRÈME

Des grains de maïs baignant dans une sauce veloutée.

Beurre ou margarine	2 c. à soupe	30 mL
Farine tout usage	2 c. à soupe	30 mL
Poudre d'oignon	$^1/_8$ c. à thé	0,5 mL
Sel	$^1/_2$ c. à thé	2 mL
Poivre	$^1/_8$ c. à thé	0,5 mL
Ciboulette hachée	1 c. à thé	5 mL
Lait	1 tasse	225 mL
Maïs en grains en conserve, égoutté	12 oz	341 mL

Faire fondre le beurre dans une casserole. Y incorporer la farine, la poudre d'oignon, le sel, le poivre et la ciboulette. Ajouter le lait et porter à ébullition en remuant jusqu'à épaississement.

Ajouter le maïs. Chauffer. Ajouter du sel et du poivre au goût. Cette recette peut être doublée. Donne 4 petites portions.

MÉLI-MÉLO DE HARICOTS

Il est tellement facile de raviver ces haricots.

Haricots verts coupés en conserve	14 oz	398 mL
Haricots jaunes coupés en conserve	14 oz	398 mL
Beurre ou margarine	2 c. à soupe	30 mL
Sel, pour saupoudrer		
Poivre, pour saupoudrer		
Sauce soya, quelques gouttes (facultatif mais délicieux)		

Porter les haricots à ébullition dans une casserole. Égoutter. Remettre sur le feu quelques instants pour éliminer toute l'humidité restante.

Ajouter les autres ingrédients et mélanger ou secouer. Pour 4 personnes, largement.

Photo à la page 53.

SALADE À L'ORANGE

Une salade qui se prépare la veille pour que les goûts se mêlent.

Mandarines en conserve, bien égouttées (ou 2 fraîches)	10 oz	284 mL
Poivron vert haché très fin, presque émincé	1/4 tasse	50 mL
Pimiento émincé fin	1 c. à soupe	15 mL
Oignon vert haché	1 c. à soupe	15 mL
Persil haché	1 c. à soupe	15 mL
Sel	1/8 c. à thé	0,5 mL
Laitue hachée, légèrement tassée	3 tasses	750 mL
Sauce à salade (ou mayonnaise)	1/4 tasse	60 mL
Sucre granulé	1/2 c. à thé	2 mL

Égoutter les mandarines en conserve, ou peler les mandarines fraîches et les couper en moitiés, puis couper celles-ci en tranches de 6 mm (1/4 po) d'épaisseur. Mettre les mandarines dans un bol.

Ajouter les 5 ingrédients suivants. Mélanger. Réfrigérer toute une nuit, ou au moins quelques heures.

Juste avant de servir, bien mélanger la laitue, la sauce à salade et le sucre dans un bol. Couvrir une grande assiette ou 4 petites de laitue. Disposer la salade à l'orange sur ce lit. Pour 4 personnes.

Photo à la page 89.

JAMBON GLACÉ

Un plat qui a fière allure.

Jambon en conserve	1 1/2 lb	681 g
Confiture de pêches ou d'abricots	1/2 tasse	125 mL
Vinaigre de cidre	4 c. à thé	20 mL
Clou de girofle	1/8 c. à thé	0,5 mL

Placer le jambon entier dans un petit plat à rôtir. Marquer en treillis le dessus avec un couteau.

Mélanger la confiture, le vinaigre et le clou de girofle dans un petit bol. En répandre 50 mL (3 c. à soupe) sur le jambon. Couvrir et cuire à 180 °C (350 °F) quelque 20 minutes, jusqu'à ce que le jambon grésille. Enlever le couvercle. Arroser le jambon avec le reste de la sauce jusqu'à ce qu'il soit braisé et glacé. Le placer sur un petit plat à viande ou sur une assiette. L'arroser avec le jus de cuisson et le glaçage qui restent dans le plat à rôtir. Congeler les restes. Pour 4 personnes.

POULET EN CRÈME SUR CANAPÉ

Ce plat, qui plaît à tout le monde, peut être prêt en un tour de main si vous avez du poulet ou de la dinde au congélateur ou en conserve.

Beurre ou margarine	1 c. à soupe	15 mL
Oignon haché	1/2 tasse	125 mL
Céleri haché	1/4 tasse	60 mL
Farine tout usage	3 c. à soupe	50 mL
Crème de champignons condensée	10 oz	284 mL
Lait	1 3/4 tasse	350 mL
Flocons de persil	1/2 c. à thé	2 mL
Sel	1/2 c. à thé	2 mL
Poivre	1/8 c. à thé	0,5 mL
Thym	1/8 c. à thé	0,5 mL
Poulet ou dinde cuite, en morceaux	3 tasses	700 mL
Tranches de pain, grillées et beurrées	8	8

Faire fondre le beurre dans une casserole à fond épais. Ajouter l'oignon et le céleri. Faire revenir jusqu'à attendrir et éclaircir.

Saupoudrer de farine. Bien mélanger. Ajouter les 6 prochains ingrédients. Remuer jusqu'à ébullition et épaississement.

Ajouter le poulet et faire chauffer.

Mettre 2 tranches de pain sur chaque assiette; y placer le poulet et la sauce. Pour 4 personnes.

CRÈME DE POMMES DE TERRE

Les pommes de terre et les oignons étant monnaie courante, il suffit de quelques minutes pour préparer cette savoureuse soupe.

Pommes de terre pelées, en dés	2¹/₂ tasses	625 mL
Oignon haché	1¹/₂ tasse	375 mL
Eau bouillante		
Crème de champignons condensée	10 oz	284 mL
Lait	2¹/₂ tasses	625 mL
Sel	¹/₂ c. à thé	2 mL
Poivre, grosse pincée	¹/₈ c. à thé	0,5 mL
Flocons de persil	¹/₄ c. à thé	1 mL
Thym	¹/₈ c. à thé	0,5 mL
Origan	¹/₈ c. à thé	0,5 mL
Beurre ou margarine	2 c. à soupe	30 mL

Faire bouillir les pommes de terre et l'oignon jusqu'à ce qu'ils soient tendres. Égoutter. Les réduire en purée.

Ajouter les autres ingrédients. Mélanger. Mijoter 1 ou 2 minutes. Se congèle bien. Donne 1,5 L (6 tasses). Pour 4 personnes.

1. Pâtes au crabe page 96
2. Sandwich de poulet et courgettes page 127
3. Chili consistant page 84

Se prépare en un tour de main.

Œuf	1	1
Huile de cuisson	1/2 tasse	125 mL
Mélasse	1/2 tasse	125 mL
Sucre granulé	1/2 tasse	125 mL
Gingembre	3/4 c. à thé	4 mL
Clou de girofle	1/4 c. à thé	1 mL
Cannelle	1/4 c. à thé	1 mL
Sel	1/2 c. à thé	2 mL
Bicarbonate de soude	1 c. à thé	5 mL
Eau bouillante	1/2 tasse	125 mL
Farine tout usage	1 1/2 tasse	375 mL
Sauce au citron, voir page 128		
Crème à fouetter (ou 1 sachet de garniture à dessert)	1 tasse	250 mL
Sucre granulé	2 c. à thé	10 mL
Vanille	1/2 c. à thé	2 mL

Dans un bol, fouetter l'œuf jusqu'à ce qu'il soit mousseux. Incorporer l'huile de cuisson et la mélasse. Ajouter la première quantité de sucre, le gingembre, le clou de girofle, la cannelle et le sel. Battre lentement pour bien mêler.

Dissoudre le bicarbonate dans l'eau bouillante. Incorporer au mélange.

Ajouter peu à peu la farine. Verser le mélange dans un moule de 20 × 20 cm (8 × 8 po) graissé. Cuire au four à 180 °C (350 °F) pendant 35 à 40 minutes, ou jusqu'à ce qu'un cure-dents inséré au milieu du gâteau ressorte sec.

Préparer la sauce au citron et la garder au chaud.

Dans un petit bol, fouetter la crème, le reste du sucre et la vanille jusqu'à ce que le mélange soit ferme. Servir le gâteau tiède avec la sauce au citron et la crème fouettée. Se congèle bien. Couper en 9 morceaux.

CROUSTILLANT AUX PÊCHES

Un dessert très bon et facile à faire, avec des ingrédients communs.

Pêches tranchées en conserve, égouttées, réserver le jus	14 oz	398 mL
Cassonade, tassée	1/3 tasse	75 mL
Farine tout usage	2 c. à soupe	30 mL

(suite...)

Sel	¹/₈ c. à thé	0,5 mL
Cannelle	¹/₈ c. à thé	0,5 mL
Vinaigre	1 c. à soupe	15 mL
Jus des pêches réservé		
GARNITURE		
Farine tout usage	³/₄ tasse	175 mL
Sucre granulé	3 c. à soupe	50 mL
Poudre à pâte	1¹/₂ c. à thé	7 mL
Sel	¹/₄ c. à thé	1 mL
Beurre ou margarine froid	2¹/₂ c. à soupe	35 mL
Lait froid	6 c. à soupe	100 mL

Placer les pêches tranchées dans un plat d'une contenance de 1 L (1 pte).

Mettre les 4 ingrédients suivants dans un petit bol. Mélanger.

Ajouter le vinaigre et le jus des pêches. Bien mélanger. Verser sur les pêches. Chauffer au four à 220°C (420°F). Préparer la garniture.

Garniture - Mélanger les 5 premiers ingrédients dans un bol. Y couper le beurre jusqu'à consistance granuleuse.

Incorporer le lait, jusqu'à humecter. Déposer par cuillerée sur les fruits chauffés au four. Remettre au four, sans couvrir, 20 à 25 minutes, jusqu'à ce que la garniture ait levé et doré. Congeler les restes. Pour 4 personnes.

CROUSTADES DE CORNED-BEEF

Un autre secret du garde-manger qui habille toutes les tables.

Beurre ou margarine	2 c. à soupe	30 mL
Oignon haché	1 tasse	250 mL
Corned-beef en conserve, émietté	12 oz	340 g
Crème de champignons condensée	10 oz	284 mL
Fromage cheddar mi-fort, râpé	1 tasse	250 mL
Mélange à pâte à biscuits	3 tasses	700 mL
Eau froide	³/₄ tasse	175 mL

Faire fondre la première quantité de beurre dans une poêle à frire. Ajouter l'oignon. Faire revenir jusqu'à attendrir. Retirer du feu. Laisser refroidir.

Ajouter le corned-beef, la soupe et le fromage. Mélanger. Garder au chaud.

Combiner le mélange à pâte à biscuits et l'eau dans un bol jusqu'à obtenir une boule de pâte douce. La diviser en quatre boules égales. Abaisser chacune jusqu'à 2,5 cm (1 po) d'épaisseur.

(suite...)

Pincer le pourtour d'une boule pour façonner un genre de bord. La retourner et faire la même chose sur l'autre bord, pour éviter que le biscuit ne se déforme en cuisant. Façonner le bord supérieur et inférieur sur les 3 autres biscuits. Les déposer sur une tôle à biscuits non graissée. Cuire au four, à 220 °C (425 °F), 15 à 18 minutes, jusqu'à ce que les biscuits soient dorés. Les couper en deux. Verser les ³/₄ du mélange de corned-beef sur la partie inférieure des biscuits. Tailler un cône dans le milieu de chaque dessus de biscuit. Replacer le dessus sur chaque biscuit, formant ainsi un genre de sandwich au corned-beef. Répartir le reste du mélange au corned-beef dans les cavités pratiquées dans le dessus des biscuits. Couper les cônes en moitiés. Les renverser et les poser sur le dessus de chaque croustade de manière à former un papillon. Pour 4 personnes.

GRANDS-PÈRES FLOTTANTS

Tout simplement délectables.

SIROP		
Cassonade, tassée	¹/₂ tasse	125 mL
Farine tout usage	3 c. à soupe	50 mL
Eau	2 tasses	450 mL
Jus de citron	1 c. à thé	5 mL
Raisins secs hachés	2 c. à soupe	30 mL
Beurre ou margarine	1 c. à soupe	15 mL
Vanille	1 c. à thé	5 mL
Sel	¹/₄ c. à thé	1 mL
GRANDS-PÈRES		
Farine tout usage	1 tasse	250 mL
Sucre granulé	¹/₂ tasse	125 mL
Poudre à pâte	2 c. à thé	10 mL
Lait	¹/₂ tasse	125 mL
Huile de cuisson	1 c. à soupe	15 mL

Sirop - Bien mélanger le sucre et la farine dans une casserole. Ajouter l'eau et le jus de citron en remuant, puis les raisins, le beurre, la vanille et le sel. Porter à ébullition. Mijoter quelque 15 minutes, jusqu'à ce que le mélange ait doré. Verser dans un plat de 20 cm (8 po).

Grands-pères - Mettre la farine, le sucre granulé et la poudre à pâte dans un bol. Bien mélanger.

Ajouter le lait et l'huile de cuisson aux ingrédients secs. Déposer la pâte en petites cuillerées dans le sirop. Cuire à découvert à 180 °C (350 °F) quelque 30 minutes, jusqu'à ce que les grands-pères soient dorés. Servir tièdes. Pour 4 à 6 personnes, largement.

MENU UN
Crevettes sur lit de riz page 48
Aspic de légumes page 45
Petits pains Parkerhouse
Tarte au fromage à la crème page 61
Café Thé

MENU DEUX
Ragoût de poulet et
grands-pères page 58
Pommes aux épices page 55
Petits pains
Friandise aux cerises page 66
Café Thé

MENU TROIS
Enchiladas au poulet page 43
Salade aux avocats page 50
Pain de maïs page 50
Gâteau des anges chocolaté page 68
Café Thé

MENU QUATRE
Roulade au bœuf haché page 49
Pommes de terre à l'aneth page 43
Petits pains
Pêche melba page 67
Café Thé

MENU CINQ
Ragoût en croûte page 46
Salade de chou page 77
Betteraves, cornichons
Petits pains à l'oignon page 76
Fraises simplicité page 62
Café Thé

MENU SIX
Poulet simplicité page 47
Riz en fête page 69
Sauce aux canneberges
Petits pains dernière minute page 52
Pouding au pain page 68
Café Thé

MENU SEPT
Bœuf croûté page 59
Salade mexicaine page 44
Petits pains
Cornichons
Croustillant à la crème glacée page 62
Café Thé

MENU HUIT
Hachis de bœuf page 51
Maïs mariné page 43
Lacets de fromage page 55
Entremets à l'abricot page 64
Café Thé

MENU NEUF

Rôti de bœuf et légumes page 57
Petits pains
Cornichons à l'aneth
Cornichons sucrés
Choux à la crème au rhum page 63
Café Thé

MENU DIX

Fèves au four page 60
Salade pommes-ananas page 56
Pain à la bière page 61
Cornichons
Tarte meringuée page 67
Café Thé

MENU ONZE

Pâté de saumon chaud page 42
Sauce aux champignons page 42
Riz au four page 44
Petits pains mollets page 48
Cornichons à l'aneth
Tarte aux framboises page 70
Café Thé

MENU DOUZE

Rouleaux de bœuf page 58
Frites page 145
Salade de carottes page 47
Pain français
Cornichons
Tarte fraîche au chocolat page 65
Café Thé

MENU TREIZE

Poulet en sauce page 60
Nouilles au beurre page 133
Abricots aux épices page 19
Aspic au concombre page 56
Petits pains mollets page 48
Gâteau des anges arc-en-ciel page 73
Café Thé

PÂTÉ DE SAUMON CHAUD

Le saumon rouge ajoute de la couleur à ce plat. Servir nappé de sauce aux champignons.

Saumon en conserve, égoutté, sans peau ni cartilage	2 × 7¹/₂ oz	2 × 213 g
Chapelure	¹/₂ tasse	125 mL
Flocons de persil	1 c. à thé	5 mL
Sel	¹/₂ c. à thé	2 mL
Poivre	¹/₈ c. à thé	0,5 mL
Jus de citron	1 c. à soupe	15 mL
Jaunes d'œufs	2	2
Lait chaud	¹/₂ tasse	125 mL
Beurre ou margarine	2 c. à soupe	30 mL
Blancs d'œufs, à la température de la pièce	2	2

Mettre les 7 premiers ingrédients dans un bol moyen.

Mélanger le lait chaud et le beurre. Ajouter le saumon, bien remuer.

Dans un petit bol, fouetter les blancs d'œufs en neige ferme. Incorporer, en pliant, au mélange de saumon. Verser dans un plat graissé d'une contenance de 1,5 L (1¹/₂ pte). Cuire 1 heure au four à 180 °C (350 °F). Servir avec la sauce aux champignons. Se congèle bien. Pour 4 à 6 personnes.

SAUCE AUX CHAMPIGNONS

Beurre ou margarine	3 c. à soupe	50 mL
Champignons frais, tranchés	1 tasse	250 mL
Farine tout usage	2 c. à soupe	30 mL
Sel	¹/₂ c. à thé	2 mL
Poivre	¹/₈ c. à thé	0,5 mL
Paprika	¹/₂ c. à thé	2 mL
Bouillon de poulet en poudre	¹/₂ c. à thé	2 mL
Lait	1 tasse	250 mL
Vin blanc (ou vin sans alcool)	1 c. à soupe	15 mL

Faire fondre le beurre dans une poêle à frire. Ajouter les champignons. Faire revenir jusqu'à attendrir.

Saupoudrer avec la farine, le sel, le poivre, le paprika et le bouillon en poudre. Bien mélanger. Ajouter le lait et le vin et remuer jusqu'à ébullition et épaississement. Napper le pâté de saumon chaud. Donne 250 mL (1 tasse).

MAÏS MARINÉ

Joli condiment facile à faire.

Sucre granulé	$^1/_2$ tasse	125 mL
Sel	$^1/_4$ c. à thé	1 mL
Moutarde sèche	$^1/_4$ c. à thé	1 mL
Poudre d'oignon	$^1/_4$ c. à thé	1 mL
Vinaigre	$^1/_2$ tasse	125 mL
Huile de cuisson	1 c. à soupe	15 mL
Maïs miniature en conserve, égoutté	14 oz	398 mL

Mélanger les 6 premiers ingrédients dans un bol jusqu'à ce que le sucre soit dissous.

Ajouter le maïs. Réfrigérer toute une nuit. Pour 4 personnes.

POMMES DE TERRE À L'ANETH

Une façon aisée de relever les pommes de terre.

Pommes de terre moyennes, pelées, en quartiers	4	4
Eau bouillante salée		
Beurre ou margarine	3 c. à soupe	50 mL
Aneth	$^1/_2$ c. à thé	2 mL

Attendrir les pommes de terre dans l'eau bouillante salée. Égoutter.

Ajouter le beurre et l'aneth. Secouer la casserole pour faire fondre le beurre et en couvrir les pommes de terre. Vider dans un plat de service. Pour 4 personnes.

ENCHILADAS AU POULET

Une casserole de type enchilada sans tomates. Un délice velouté.

Morceaux de poulet	$2^1/_4$ lb	1 kg
Eau pour couvrir		
Sel	2 c. à thé	10 mL
Beurre ou margarine	2 c. à soupe	30 mL
Oignon haché	$^1/_2$ tasse	125 mL
Farine tout usage	1 c. à soupe	15 mL
Crème de poulet condensée	10 oz	284 mL
Crème de champignons condensée	10 oz	284 mL

(suite...)

43

Crème sûre	½ tasse	125 mL
Piments verts en conserve, hachés	4 oz	114 ml
Tortillas de farine molles, grand format	6	6
Fromage Monterey Jack râpé	1½ tasse	375 mL

Mettre le poulet, l'eau et le sel dans une casserole. Couvrir et faire bouillir quelque 30 minutes, jusqu'à ce que le poulet soit tendre. Retirer la peau et les os. Hacher la viande et la mettre de côté.

Faire fondre le beurre dans une casserole. Y faire revenir l'oignon jusqu'à attendrir.

Incorporer la farine. Ajouter les 4 ingrédients suivants. Porter à ébullition en remuant. Ajouter le poulet et mélanger.

Déchirer les tortillas en morceaux. Couvrir de poulet le fond d'un plat d'une contenance de 2,5 L (2 pte). Recouvrir avec les 3 tortillas déchirés, la moitié du reste de poulet, les autres tortillas et le reste de poulet.

Saupoudrer de fromage. Couvrir. Cuire au four à 180 °C (350 °F) quelque 20 minutes. Retirer le couvercle et remettre au four 10 à 15 minutes de plus. Congeler les restes. Pour 4 personnes, largement.

RIZ AU FOUR

Léger comme un nuage.

Riz à grains longs	1 tasse	250 mL
Eau	2 tasses	500 mL
Beurre ou margarine	3 c. à soupe	50 mL
Flocons de persil	2 c. à thé	10 mL
Sel	¼ c. à thé	1 mL
Sel d'assaisonnement	¼ c. à thé	1 mL

Verser tous les ingrédients dans un plat d'une contenance de 2,5 L (2 pte). Couvrir et cuire au four à 180 °C (350 °F) quelque 45 minutes, jusqu'à ce que le riz soit tendre. Remuer avec une fourchette. Les restes se congèlent. Pour 4 personnes.

SALADE MEXICAINE

Une salade exotique rehaussée d'une excellente vinaigrette.

Laitue romaine, en lanières, légèrement tassée	4 tasses	1 L
Pois chiches en conserve, égouttés	1 tasse	250 mL
Avocat, pelé, tranché, en bouchées	1	1

(suite...)

44

VINAIGRETTE

Sucre granulé	2 c. à soupe	30 mL
Vinaigre	1½ c. à soupe	25 mL
Huile de cuisson	1 c. à soupe	15 mL
Ketchup	1 c. à soupe	15 mL
Poudre d'oignon	⅛ c. à thé	0,5 mL
Sauce Worcestershire	¼ c. à thé	1 mL

Mélanger la laitue, les pois chiches et l'avocat dans un grand bol.

Vinaigrette - Fouetter les 6 ingrédients ensemble. Ajouter la vinaigrette à la salade. Si la salade est préparée d'avance, tremper l'avocat dans du jus de citron. Réfrigérer la salade. Ajouter la vinaigrette juste avant se servir.
Pour 4 personnes.

Photo à la page 53.

ASPIC DE LÉGUMES

Une astucieuse façon de servir des légumes.

Gélatine sans saveur	1 × ¼ oz	1 × 7 g
Eau	¼ tasse	50 mL
Jus de légumes (V8 par exemple)	1¾ tasse	400 mL
Flocons d'oignon déshydratés	1 c. à thé	5 mL
Sucre granulé	1 c. à thé	5 mL
Sel	⅛ c. à thé	0,5 mL
Jus de citron	1 c. à thé	5 mL
Poivre en grains	2	2
Clou de girofle	1	1
Céleri haché fin	¼ tasse	50 mL
Carottes râpées	¼ tasse	50 mL
Chou râpé	¼ tasse	50 mL

Faire gonfler la gélatine sur l'eau, dans un petit récipient.

Mélanger les 7 ingrédients suivants dans une casserole, à feu moyen. Porter à ébullition. Laisser frémir 8 à 10 minutes. Filtrer le liquide. Y ajouter la gélatine et remuer jusqu'à ce qu'elle soit dissoute. Réfrigérer jusqu'à consistance sirupeuse.

Ajouter le céleri, les carottes et le chou. Réfrigérer jusqu'à ce que l'aspic soit pris. Pour 4 personnes.

RAGOÛT EN CROÛTE

De tendres cubes de bœuf, finement épicés et relevés d'une goutte de vin, enfouis sous une croûte légère et servis dans des soupières individuelles ou directement de la casserole.

Steak de ronde, en bouchées	**1½ lb**	**700 g**
Margarine	**1 c. à soupe**	**15 mL**
Huile de cuisson	**1 c. à soupe**	**15 mL**
Oignons tranchés	**1 tasse**	**250 mL**
Flocons de céleri	**1 c. à thé**	**5 mL**
Sel	**1½ c. à thé**	**7 mL**
Poivre	**¼ c. à thé**	**1 mL**
Thym	**⅛ c. à thé**	**0,5 mL**
Poudre d'ail	**¼ c. à thé**	**1 mL**
Eau	**2 tasses**	**500 mL**
Vin rouge (ou vin sans alcool)	**2 c. à soupe**	**30 mL**
Pommes de terre, en cubes	**2 tasses**	**500 mL**
Carottes, en cubes (plus petits que les pommes de terre)	**2 tasses**	**500 mL**
Champignons en conserve, entiers ou tranchés, égouttés	**10 oz**	**284 mL**

Pâte brisée ou feuilletée

Chauffer la margarine et l'huile dans une poêle; y ajouter peu à peu les cubes de viande. Transférer les cubes dorés dans une casserole moyenne. Ajouter de la margarine et de l'huile, au besoin.

Mettre les 8 ingrédients suivants dans la casserole. Remuer. Couvrir et porter à ébullition. Mijoter la viande jusqu'à bien attendrir, quelque 2 heures.

Ajouter les pommes de terres et les carottes à la viande, et de l'eau au besoin. Cuire jusqu'à attendrir.

Ajouter les champignons.

Abaisser la pâte à 2,5 cm (1 po) de plus de diamètre que les soupières. Couper 4 ronds. Verser le ragoût dans les soupières; les recouvrir de pâte, scellant le bord. Inciser le dessus. Cuire au four à 200 °C (400 °F) 20 à 25 minutes, jusqu'à ce que la croûte soit dorée. Le reste du ragoût peut être cuit dans d'autres soupières ou servi sur l'assiette, sinon congelé.
Pour 4 personnes.

SALADE DE CAROTTES

Des carottes pour la couleur, et des raisins pour un petit goût sucré.

Carottes râpées	3 tasses	700 mL
Céleri haché	1/2 tasse	125 mL
Raisins secs	1/2 tasse	125 mL
Mayonnaise	1/2 tasse	125 mL
Vinaigre	1 c. à soupe	15 mL
Sucre granulé	1 1/2 c. à thé	7 mL
Moutarde préparée	1/4 c. à thé	1 mL
Paprika	1/8 c. à thé	0,5 mL

Mélanger les carottes, le céleri et les raisins secs dans un bol.

Mélanger le reste des ingrédients dans un autre bol. En arroser les légumes. Pour 4 personnes.

POULET SIMPLICITÉ

Facile à faire - il suffit de napper le poulet de sauce et de le passer au four. Un petit goût de teriyaki.

Cuisses de poulet	8 à 12	8 à 12
Sauce soya	1/2 tasse	125 mL
Sucre granulé	3 c. à soupe	50 mL
Huile de cuisson	3 c. à soupe	50 mL
Sel	1/4 c. à thé	1 mL
Poivre	1/8 c. à thé	0,5 mL
Gingembre	1/4 c. à thé	1 mL
Poudre d'ail	1/4 c. à thé	1 mL
Poudre d'oignon	1/4 c. à thé	1 mL

Disposer le poulet, côté peau vers le fond si elle n'a pas été enlevée, dans un plat de 22 × 33 cm (9 × 13 po).

Mélanger les 8 autres ingrédients dans un bol. Verser sur le poulet. Cuire au four, à découvert, à 190 °C (375 °F) durant 45 minutes. Retourner les morceaux de poulet. Cuire encore 15 minutes, jusqu'à ce que le poulet soit tendre. Les restes peuvent être congelés. Pour épaissir la sauce, ajouter 15 mL (1 c. à soupe) de fécule de maïs et d'eau dans 225 mL (1 tasse) de sauce bouillante. Pour 4 personnes, 2 ou 3 morceaux par personne.

CREVETTES SUR LIT DE RIZ

Pour un dîner facile, ce petit délice du four est tout indiqué.

Eau	1¹/₂ tasse	375 mL
Sel	¹/₂ c. à thé	2 mL
Riz à cuisson rapide	1¹/₂ tasse	375 mL
Crème de champignons condensée	10 oz	284 mL
Lait	¹/₃ tasse	75 mL
Sauce à salade (ou mayonnaise)	¹/₃ tasse	75 mL
Jus de citron	1 c. à soupe	15 mL
Poudre d'oignon	¹/₄ c. à thé	1 mL
Sherry (ou sherry sans alcool)	2 c. à soupe	30 mL
Crevettes, petites ou moyennes, en conserve, rincées et égouttées	4 oz	113 g

GARNITURE

Beurre ou margarine	1 c. à soupe	15 mL
Chapelure	¹/₄ tasse	50 mL
Fromage cheddar mi-fort, râpé	¹/₄ tasse	50 mL

Porter l'eau à ébullition dans une casserole moyenne. Ajouter le sel et le riz. Couvrir. Retirer du feu. Laisser reposer 10 minutes. Verser dans un plat non graissé d'une contenance de 1,5 L (1¹/₂ pte).

Bien mélanger les 6 prochains ingrédients dans un bol.

Incorporer doucement les crevettes, en pliant. Verser le tout sur le riz.

Garniture - Faire fondre le beurre dans une petite casserole. Incorporer la chapelure et le fromage. Répandre sur le riz. Cuire au four à 180 °C (350 °F) quelque 30 minutes, jusqu'à ce que le plat bouillonne et que le dessus soit doré. Congeler les restes. Pour 4 personnes.

PETITS PAINS MOLLETS

Très tendres et fragiles.

Mélange à pâte à biscuits	2¹/₄ tasses	550 mL
Beurre ou margarine, ramolli	¹/₄ tasse	60 mL
Eau	¹/₂ tasse	125 mL

(suite...)

Mélanger les 3 ingrédients jusqu'à obtenir une boule de pâte douce. La séparer en 12 boules et placer celles-ci, bien espacées, sur une tôle à biscuits graissée. Cuire au four à 220 °C (425 °F) pendant 10 à 15 minutes. Se congèlent bien. Donne 12 à 15 petits pains.

ROULADE AU BŒUF HACHÉ

Un pain de viande roulé et fourré au jambon et au fromage.

Bœuf haché	1$^1/_2$ lb	700 g
Chapelure	$^1/_3$ tasse	75 mL
Ketchup	3 c. à soupe	50 mL
Œuf, battu	1	1
Flocons de persil	1 c. à thé	5 mL
Sel	1 c. à thé	5 mL
Poivre	$^1/_4$ c. à thé	1 mL
Origan	$^1/_4$ c. à thé	1 mL
Poudre d'ail	$^1/_4$ c. à thé	1 mL
Jambon cuit tranché fin	6	6
Fromage cheddar mi-fort ou mozzarella, râpé	1 tasse	250 mL
Ketchup, pour garniture		
Tranches de fromage, coupées en diagonale	3 ou 4	3 ou 4

Bien mélanger les 9 premiers ingrédients dans un bol. Abaisser le mélange sur un morceau de papier ciré, jusqu'à obtenir un rectangle de 20 × 30 cm (8 × 12 po).

Couvrir ce rectangle avec le jambon, sans aller à plus de 12 mm ($^1/_2$ po) du bord. Répandre le fromage râpé sur le dessus. Rouler à partir du bord étroit, comme pour un gâteau roulé à la confiture, en utilisant le papier ciré pour lever la viande et la rouler. Sceller les bouts et le côté. Placer dans un plat graissé de 22 × 22 cm (9 × 9 po), bord scellé vers le fond. Cuire au four, à découvert, à 180 °C (350 °F) pendant 1 heure 20 minutes.

Au sortir du four, couvrir la viande de ketchup et la garnir avec les triangles de fromage. Se congèle bien. Trancher pour 4 personnes.

PAIN DE MAÏS

Le servir tiède, en pointes, et c'est le succès assuré.

Farine tout usage	1¼ tasse	275 mL
Semoule de maïs	¾ tasse	175 mL
Sucre granulé	2 c. à soupe	30 mL
Poudre à pâte	1 c. à soupe	15 mL
Sel	1 c. à thé	5 mL
Beurre ou margarine	¼ tasse	50 mL
Lait	⅞ tasse	200 mL

Mettre tous les ingrédients dans un bol. Battre à la cuillère. Verser dans un moule rond graissé de 20 cm (8 po). Cuire au four à 200 °C (400 °F) 20 à 25 minutes, jusqu'à ce qu'un cure-dents inséré dans le milieu du pain en ressorte sec. Se congèle bien. Découper en 8 ou 12 pointes.

Photo à la page 125.

SALADE AUX AVOCATS

Pas besoin d'aller au pays des avocats pour goûter à cette salade.

VINAIGRETTE

Vinaigre	2 c. à soupe	30 mL
Sucre granulé	1 c. à thé	5 mL
Sel	½ c. à thé	2 mL
Pamplemousses roses, pelés et divisés, en bouchées	2	2
Avocat, pelé et tranché, en bouchées	2	2
Oignons verts, hachés	2	2
Céleri haché	1 tasse	250 mL
Feuilles de laitue croquantes	16	16

Vinaigrette - Mélanger les 3 ingrédients dans un bol.

Mettre les morceaux de pamplemousse dans un bol. Ajouter l'avocat. Mélanger. Ajouter les oignons et le céleri. Arroser avec la vinaigrette. Mélanger. Réfrigérer.

Confectionner un lit de laitue de 4 feuilles d'épaisseur, sur 4 assiettes. Déposer la salade sur ce lit de laitue. Pour 4 personnes.

Un plat qui rappelle l'enfance.

Huile de cuisson	1 c. à soupe	15 mL
Bœuf haché maigre	1½ lb	750 g
Oignon haché	1 tasse	250 mL
Farine tout usage	1 c. à soupe	15 mL
Sel	1½ c. à thé	7 mL
Poivre	¼ c. à thé	1 mL
Lait	⅓ tasse	75 mL
Ketchup	1 c. à soupe	15 mL
Sauce Worcestershire	1 c. à thé	5 mL
Raifort	1 c. à thé	5 mL
Petits pois, frais ou surgelés, cuits	1 tasse	250 mL
Carottes tranchées, cuites	1 tasse	250 mL
Pommes de terre moyennes, pelées	4	4
Eau bouillante salée		
Beurre ou margarine	1 c. à soupe	15 mL
Lait	3 à 4 c. à soupe	45 à 60 mL
Sel d'assaisonnement	½ c. à thé	2 mL
Beurre ou margarine, fondu	2 c. à soupe	30 mL
Paprika, pour saupoudrer		

Chauffer l'huile dans une poêle. Ajouter le bœuf et l'oignon. Faire dorer la viande.

Saupoudrer avec la farine, le sel et le poivre. Bien mélanger. Ajouter la première quantité de lait et remuer jusqu'à ébullition.

Ajouter les 5 ingrédients suivants. Presser dans un plat de 20 × 20 cm (8 × 8 po).

Attendrir les pommes de terre dans l'eau bouillante salée. Égoutter et réduire en purée. Ajouter la première quantité de beurre, le reste du lait et le sel d'assaisonnement. Mélanger. Étaler sur la viande.

Badigeonner de beurre fondu. Saupoudrer de paprika. Avec une fourchette, tracer des vagues sur la purée. Cuire à découvert sur l'étagère supérieure du four, à 180 °C (350 °F) pendant 30 minutes, jusqu'à ce que le plat soit chaud et doré sur le dessus. Congeler les restes.
Pour 4 personnes, largement.

PETITS PAINS DERNIÈRE MINUTE

Biscuits réfrigérés trempés dans du beurre assaisonné et du fromage râpé.

Paquet de biscuits réfrigérés (paquet de 10)	1	1
Beurre ou margarine	3 c. à soupe	50 mL
Flocons de persil	1 c. à thé	5 mL
Sel d'assaisonnement	¼ c. à thé	1 mL
Fromage cheddar fort ou mi-fort, râpé	½ tasse	125 mL

Diviser les biscuits.

Faire fondre le beurre dans une petite casserole. Incorporer le persil et le sel. Retirer du feu.

Tremper les biscuits dans le beurre. Secouer pour enlever l'excédent. Tremper dans le fromage et déposer dans un moule rond graissé de 20 cm (8 po). Saupoudrer du reste de fromage. Cuire au four à 200 °C (400 °F) quelque 20 minutes, jusqu'à ce que les pains aient levé et doré. Les pains se congèlent bien. Donne 10 pains.

Photo à la page 125.

LACETS DE FROMAGE

Croustillants et délicieux.

Fromage cheddar fort, râpé	**1 tasse**	**250 mL**
Beurre ou margarine, ramolli	**¹/₂ tasse**	**125 mL**
Farine tout usage	**1 tasse**	**250 mL**
Sel	**¹/₂ c. à thé**	**2 mL**
Poivre de Cayenne	**¹/₈ c. à thé**	**0,5 mL**

Battre en crème lisse le fromage et le beurre. Incorporer la farine, le sel et le poivre de Cayenne. La pâte sera ferme. L'abaisser. La couper en bandes de 2 × 6 cm (³/₄ × 2¹/₄ po). Placer celles-ci sur une tôle à biscuits non graissée. Cuire au four à 160 °C (325 °F) pendant 15 à 20 minutes. Se congèlent bien. Donne 24 lacets.

Photo à la page 125.

POMMES AUX ÉPICES

Fort jolies, elles complémentent tous les plats.

Eau	**2 tasses**	**500 mL**
Sucre granulé	**¹/₂ tasse**	**125 mL**
Bâton de cannelle, 5¹/₂ po (14 cm) de long	**1**	**1**
Colorant alimentaire rouge	**¹/₈ c. à thé**	**0,5 mL**
Pommes à cuire, pelées, évidées et tranchées en rondelles de ¹/₃ po (8 mm) d'épaisseur	**4**	**4**
Fromage à la crème, ramolli	**2 oz**	**62 g**
Fromage cheddar mi-fort, râpé	**¹/₄ tasse**	**50 mL**
Pacanes ou noix de Grenoble moulues	**2 c. à soupe**	**30 mL**
Petites feuilles de laitue	**4**	**4**

Mettre les 4 premiers ingrédients dans une casserole assez grande pour que le liquide recouvre les pommes. Couvrir et porter à ébullition. Mijoter doucement pendant 4 minutes. Retirer le bâton de cannelle.

Placer quelques rondelles de pomme dans ce jus rouge; elles devraient être recouvertes. Porter à ébullition de nouveau. Mijoter doucement pendant quelque 10 minutes, jusqu'à ce qu'un couteau pointu perce aisément les pommes. Retourner une fois. Retirer doucement et laisser refroidir.

Battre le fromage à la crème à la cuillère pour le ramollir. Ajouter le fromage cheddar. Bien mélanger. Rouler une boule pour chaque rondelle.

Passer les boules dans les pacanes et en placer une au centre de chaque rondelle. Disposer celles-ci sur un lit de laitue. Pour 4 personnes.

SALADE POMMES-ANANAS

Un excellent mélange de fruits et de fromage arrosé d'une sauce légère.

Ananas broyé, égoutté	¹/₂ tasse	125 mL
Céleri en dés	¹/₃ tasse	75 mL
Pommes non pelées, en dés	2	2
Fromage cheddar mi-fort, râpé	¹/₂ tasse	125 mL
Noix de Grenoble hachées fin	2 c. à soupe	30 mL
Crème à fouetter (ou ¹/₂ sachet de garniture à dessert)	¹/₂ tasse	125 mL
Sauce à salade (ou mayonnaise)	¹/₃ tasse	75 mL
Sucre granulé	1 c. à soupe	15 mL

Mélanger l'ananas, le céleri, les pommes, le fromage et les noix de Grenoble dans un bol. Pour éviter que les pommes ne brunissent, mélanger immédiatement pour mêler tous les ingrédients.

Dans un petit bol, fouetter la crème jusqu'à ce qu'elle soit ferme.

Incorporer la sauce à salade et le sucre dans la crème, en pliant. Ajouter à la salade. Incorporer en pliant doucement. Pour 4 personnes.

ASPIC AU CONCOMBRE

Une salade des plus rafraîchissantes, d'un beau vert doux.

Gélatine à saveur de lime	3 oz	85 g
Flocons d'oignon déshydratés	1 c. à soupe	15 mL
Eau bouillante	³/₄ tasse	175 mL
Jus de citron	4 c. à thé	20 mL
Sel	¹/₂ c. à thé	2 mL
Raifort	1 c. à thé	5 mL
Crème sûre	¹/₃ tasse	75 mL
Sauce à salade (ou mayonnaise)	¹/₃ tasse	75 mL
Concombre pelé, râpé, bien égoutté	³/₄ tasse	175 mL

Verser la gélatine et les flocons d'oignon dans un bol. Ajouter l'eau bouillante. Agiter pour dissoudre la gélatine.

Ajouter le jus de citron, le sel et le raifort. Réfrigérer jusqu'à consistance sirupeuse.

Incorporer la crème sûre, la sauce à salade et le concombre. Verser dans un plat de service ou dans un moule de 500 mL (2¹/₂ tasses) ou plus. Donne 4 portions moyennes à petites.

RÔTI DE BŒUF ET LÉGUMES

Un plat des plus classiques, qui est toujours de bon goût.

Huile de cuisson	2 c. à soupe	30 mL
Rôti de bœuf à braiser, désossé	2¹/₂ lb	1,23 kg
Farine tout usage		
Sel	1¹/₂ c. à thé	7 mL
Poivre	¹/₄ c. à thé	1 mL
Eau	1 tasse	250 mL
Carottes moyennes, pelées et coupées en deux	6	6
Oignons moyens, pelés et coupés en quartiers	2	2
Pommes de terre moyennes, pelées et coupées en deux	4	4
Navet, taille d'une grosse orange, coupé en 8 morceaux	1	1
Farine tout usage	3 c. à soupe	50 mL
Eau	6 c. à soupe	100 mL

Chauffer l'huile dans une grande poêle à fond épais ou dans une marmite. Enrober la viande de farine, puis la faire dorer sur tous les côtés.

Ajouter le sel, le poivre et la première quantité d'eau. À moins que la casserole ne soit très épaisse, placer la viande sur une petite grille. Des couvercles de petits pots de confiture percés font bien l'affaire. Couvrir et cuire à feu doux pendant environ 2 heures. Ajouter de l'eau au besoin.

Ajouter les carottes, les oignons, les pommes de terre et le navet. Cuire jusqu'à ce que les légumes soient tendres, quelque 30 minutes.

Mettre les légumes et la viande dans un plat chauffé. Couvrir pour garder au chaud. Mesurer le liquide qui reste dans la casserole. Ajouter de l'eau pour avoir 500 mL (2 tasses) de liquide. Porter à ébullition. Mélanger le reste de farine et d'eau dans un petit bol jusqu'à ce que le mélange soit lisse. L'ajouter au liquide en ébullition pour faire la sauce. Ajouter de l'eau si la sauce est trop épaisse. Saler et poivrer au goût. Pour 4 personnes.

RAGOÛT DE POULET ET GRANDS-PÈRES

Les grands-pères sont de petits pains cuits avec le ragoût.

Pommes de terre moyennes, pelées, en bouchées	2	2
Carottes moyennes, pelées, en bouchées plus petites	4	4
Gros oignon, pelé, coupé	1	1
Eau bouillante salée		
Petits pois, frais ou surgelés	1¹/₂ tasse	375 mL
Cubes de bouillon de poulet	2	2
Eau bouillante	1¹/₂ tasse	375 mL
Crème de poulet condensée	10 oz	284 mL
Poulet cuit, découpé	3 tasses	750 mL
Thym	¹/₄ c. à thé	1 mL
Mélange à pâte à biscuits	2 tasses	450 mL
Lait	³/₄ tasse	175 mL

Attendrir les pommes de terre, les carottes et les oignons dans l'eau bouillante salée.

Ajouter les petits pois. Cuire encore 3 minutes. Égoutter.

Dans un grand bol, dissoudre les cubes de bouillon dans l'eau bouillante.

Ajouter la soupe au bouillon et remuer. Ajouter le poulet, le thym et les légumes. Verser dans un plat d'une contenance de 4 L (3 pte). Chauffer au four à 180 °C (350 °F) pendant 40 minutes.

Combiner le mélange à pâte à biscuits et le lait. Dresser sur le ragoût chaud. Augmenter le four à 220 °C (425 °F). Cuire encore 15 à 20 minutes, jusqu'à ce que la pâte ait levé et doré. Congeler les restes. Pour 4 personnes, largement.

ROULEAUX DE BŒUF

De l'oignon et des carottes nichés dans la viande. Servir entiers ou tranchés.

Steak de ronde, 12 mm (¹/₂ po) d'épaisseur	1¹/₂ lb	700 g
Moutarde préparée		
Oignon haché	¹/₂ tasse	125 mL
Sel, pour saupoudrer		
Poivre, pour saupoudrer		
Carottes, en bâtonnets	4	4

(suite...)

Margarine (le beurre brunit trop vite)	2 c. à soupe	30 mL
Farine tout usage	1/4 tasse	50 mL

SAUCE

Beurre ou margarine	3 c. à soupe	50 mL
Farine tout usage	3 c. à soupe	50 mL
Sel	1/2 c. à thé	2 mL
Eau	1 1/2 tasse	375 mL
Agent de brunissement de la sauce		

Couper le steak en 4.

Le napper de moutarde. Saupoudrer avec l'oignon, le sel et le poivre. Poser un bâtonnet de carotte sur chaque morceau de steak et le rouler. Retenir le tout avec de la ficelle.

Faire fondre la margarine dans une poêle. Fariner les rouleaux. Dorer sur tous les côtés. Verser dans un plat d'une contenance de 2, 5 L (2 pte).

Sauce - Ajouter du beurre dans la poêle. Incorporer la farine et le sel. Ajouter l'eau en remuant, jusqu'à ébullition et épaississement. Ajouter l'agent de brunissement pour foncer la sauce. Racler le fond du plat pour récupérer la glace de viande. Napper les rouleaux. Couvrir et cuire au four à 180 °C (350 °F) pendant environ 1 1/2 heure, jusqu'à ce que la viande soit tendre. Servir les rouleaux entiers ou tranchés. Se congèlent bien.
Pour 4 personnes.

BŒUF CROÛTÉ

Du bœuf garni de Yorkshire pouding, plat délicieux et abordable.

Bœuf haché maigre	1 1/2 lb	700 g
Oignon haché	1 tasse	250 mL
Sel	1 c. à thé	5 mL
Poivre	1/4 c. à thé	1 mL
Sauce Worcestershire	1 c. à thé	5 mL
Œufs	2	2
Lait	1 tasse	250 mL
Farine tout usage	1 tasse	250 mL
Sel	1/2 c. à thé	2 mL

Mélanger le bœuf haché, l'oignon, le sel, le poivre et la sauce Worcestershire dans un bol. Presser dans un moule de 22 × 22 cm (9 × 9 po). Cuire au four à 180 °C (350 °F) pendant 20 minutes.

(suite...)

Fouetter les œufs, le lait, la farine et le sel ensemble, jusqu'à obtenir un mélange homogène et lisse. En napper la viande. Cuire encore 30 à 40 minutes, jusqu'à ce que la croûte soit prise.

Congeler les restes. Pour 4 personnes.

POULET EN SAUCE

Un plat des plus pratiques à confectionner - il n'exige que des ingrédients de tous les jours, rehaussés d'une goutte de sherry, avant de passer au four.

Poitrines de poulet, en moitiés	4	4
Margarine (le beurre brunit trop vite)	2 c. à soupe	30 mL
Crème de champignons condensée	10 oz	284 mL
Lait	1/3 tasse	75 mL
Sherry (ou sherry sans alcool)	2 c. à soupe	30 mL
Sachet de mélange de soupe à l'oignon	1	1

Dorer le poulet à la poêle, dans la margarine fondue, en en ajoutant au besoin. Transférer dans un plat d'une contenance de 4 L (3 pte).

Bien mélanger les 4 ingrédients suivants dans un bol. En napper le poulet. Couvrir et cuire à 180 °C (350 °F) pendant 1 heure à 1 1/4, jusqu'à ce que le poulet soit tendre. Se congèle bien. Pour 4 personnes.

Photo à la page 53.

FÈVES AU FOUR

Les fèves faites maison plaisent toujours. Celles-ci, qui contiennent du bœuf haché, sont foncées.

Haricots blancs secs	1 tasse	250 mL
Eau	3 tasses	750 mL
Ketchup	2/3 tasse	150 mL
Cassonade, tassée	1/2 tasse	125 mL
Mélasse	2 c. à soupe	30 mL
Sel	1/2 c. à thé	2 mL
Sauce Worcestershire	1 c. à soupe	15 mL
Moutarde préparée	1/2 c. à thé	2 mL
Huile de cuisson	1 c. à soupe	15 mL
Bœuf haché maigre	1/2 lb	250 g
Oignon haché	1/2 tasse	125 mL

(suite...)

Verser les haricots et l'eau dans une casserole moyenne. Porter à ébullition. Couvrir et mijoter quelque 50 minutes jusqu'à ce que les haricots se tranchent facilement avec les dents.

Ajouter les 6 ingrédients suivants. Mélanger.

Chauffer l'huile dans une poêle à frire. Ajouter la viande et l'oignon. Faire dorer la viande. L'ajouter aux haricots. Verser le tout dans une cocotte ou un faitout. Couvrir et cuire au four à 150 °C (300 °F) environ 2½ heures. Découvrir. Cuire encore quelques minutes, pour assécher les haricots au goût. Congeler les restes. Pour 4 personnes.

Remarque - Si les haricots trempent toute une nuit, réduire le temps de cuisson de 50 à 35 minutes. Pour réchauffer, ajouter un petit peu d'eau.

PAIN À LA BIÈRE

Se fait en un clin d'œil. Particulièrement bon grillé.

Farine tout usage	**3 tasses**	**700 mL**
Poudre à pâte	**2 c. à soupe**	**30 mL**
Sel	**1 c. à thé**	**5 mL**
Bière, à la température de la pièce	**12 oz**	**350 mL**

Mesurer la farine, la poudre à pâte et le sel dans un bol. Mélanger.

Ajouter la bière. Mélanger et verser dans un moule à pain graissé de 23 × 12 cm (9 × 5 po). Cuire au four à 180 °C (350 °F) pendant 50 minutes. Se congèle bien. Donne 1 pain.

Photo à la page 125.

TARTE AU FROMAGE À LA CRÈME

Cette tarte blanche garnie de blanc est meilleure si on la prépare la veille.

CROÛTE

Beurre ou margarine	**⅓ tasse**	**75 mL**
Chapelure de biscuits Graham	**1¼ tasse**	**275 mL**
Sucre granulé	**2 c. à soupe**	**30 mL**

GARNITURE

Fromage à la crème, ramolli	**12 oz**	**750 g**
Sucre granulé	**½ tasse**	**125 mL**
Œufs	**2**	**2**
Jus de citron	**2 c. à soupe**	**30 mL**
Crème ou lait	**2 c. à soupe**	**30 mL**
Zeste de citron râpé	**1 c. à thé**	**5 mL**

(suite...)

CRÈME

Crème sûre	1¹/₂ tasse	375 mL
Sucre granulé	2 c. à soupe	30 mL

Croûte - Faire fondre le beurre dans une petite casserole. Incorporer la chapelure et le sucre. Presser le mélange dans un moule à tarte de 22 cm (9 po).

Garniture - Fouetter le fromage à la crème et le sucre jusqu'à obtenir un mélange lisse. Fouetter les œufs un par un à vitesse moyenne. Ajouter le jus de citron, la crème et le zeste. Mélanger. Verser dans l'abaisse de pâte. Cuire au four à 180 °C (350 °F) quelque 20 à 30 minutes, jusqu'à ce que la garniture soit ferme.

Crème - Mêler la crème sûre et le sucre dans un petit bol. Étaler le mélange sur la garniture. Remettre au four 12 à 15 minutes. Laisser refroidir, puis réfrigérer une nuit. Congeler les restes. Couper en 6 ou 8 pointes.

FRAISES SIMPLICITÉ

Ce dessert simple, élégant, figure au menu de nombreux restaurants.

Fraises fraîches entières	24 à 32	24 à 32
Sucre granulé	¹/₂ tasse	125 mL
Yaourt (ou crème sûre)	1 tasse	250 mL

Mettre 6 ou 8 fraises sur 4 assiettes à salade. Ajouter 30 mL (2 c. à soupe) de sucre, puis 50 mL (¹/₄ tasse) de yaourt. Pour déguster, prendre une fraise puis la tremper dans le sucre et le yaourt. Pour 4 personnes.

Photo sur la couverture.

CROUSTILLANT À LA CRÈME GLACÉE

Des céréales de riz croustillant sont le secret de ce délice glacé.

Grosses guimauves	32	32
Beurre ou margarine	3 c. à soupe	50 mL
Cassonade, tassée	¹/₂ tasse	125 mL
Céréales de riz croustillant	5 tasses	1,12 L
SAUCE		
Cassonade, tassée	³/₄ tasse	175 mL
Beurre	6 c. à soupe	100 mL
Lait	3 c. à soupe	50 mL
Essence de brandy	1 c. à thé	5 mL

(suite...)

GARNITURE AUX FRUITS

Framboises	1 tasse	250 mL
Grandes cuillerées de crème glacée, saveur au choix	4	4
Banane, tranchée	1	1
Tranches de pêches sucrées	8 à 12	8 à 12
Bleuets	8 à 12	8 à 12

Faire fondre les guimauves, le beurre et la cassonade au bain-marie. Remuer souvent.

Verser le riz croustillant dans un grand bol. Y incorporer le mélange de guimauve. Presser le mélange dans un moule à gâteau rond de 20 cm (8 po). Laisser reposer jusqu'à ce que le fond soit pris.

Sauce - Mélanger les 4 ingrédients dans une petite casserole, à feu moyen. Porter à ébullition. Mijoter 1 minute. Laisser refroidir.

Garniture - Renverser le fond de céréales sur une assiette. Le couper en pointes. Mettre 1 pointe sur 4 assiettes à dessert. Décorer l'extérieur de chaque pointe avec des framboises. Mettre la crème glacée à côté des framboises. Ajouter les tranches de bananes et de pêches sur les pointes, ou à côté. Napper la crème glacée de sauce. Pour 4 à 6 personnes.

Photo à la page 53.

CHOUX À LA CRÈME AU RHUM

De gros choux fourrés à la crème parfumée au rhum.

CHOUX À LA CRÈME

Eau	1/2 tasse	125 mL
Beurre ou margarine	1/4 tasse	60 mL
Sel	1/8 c. à thé	0,5 mL
Farine tout usage	1/2 tasse	125 mL
Œufs	2	2

CRÈME

Lait	1 1/2 tasse	350 mL
Sucre granulé	6 c. à soupe	100 mL
Farine tout usage	3 c. à soupe	50 mL
Sel	1/4 c. à thé	1 mL
Œufs	2	2
Crème à fouetter (ou 1/2 sachet de garniture à dessert)	1/2 tasse	125 mL
Essence de rhum	1/2 c. à thé	2 mL

(suite...)

Choux à la crème - Porter l'eau à ébullition dans une petite casserole, à feu moyen. Ajouter le beurre et le sel.

Ajouter la farine et mélanger rapidement jusqu'à ce que le mélange détache des bords de la casserole et forme une boule. Retirer du feu.

Incorporer les œufs l'un après l'autre, fouettant jusqu'à obtenir une pâte lisse. Dresser la pâte en 6 boules espacées sur une tôle à biscuits graissée. Cuire au four, à 220 °C (425 °F) quelque 30 minutes, jusqu'à ce que les choux semblent secs et qu'il n'y reste plus de gouttelettes d'eau. Laisser refroidir sur une grille. Fendre les choux sur un côté et y introduire la crème.

Crème - Porter le lait à ébullition, dans une petite casserole, à feu moyen.

Dans un petit bol, mélanger le sucre, la farine et le sel. Incorporer les œufs et fouetter jusqu'à obtenir une crème lisse. L'ajouter au lait bouillant et cuire jusqu'à ébullition et épaississement, mais pas trop longtemps, pour éviter que la crème ne grumelle. Sinon, la passer au malaxeur. Laisser refroidir.

Dans un autre bol, fouetter la crème jusqu'à ce qu'elle soit ferme. Ajouter l'essence de rhum. Incorporer à la crème en pliant. Garnir les choux. Réfrigérer. Ne pas congeler. Donne 6 choux.

Photo à la page 71.

ENTREMETS À L'ABRICOT

Une garniture froide servie sur fond praliné et couronnée de crème fouettée et de copeaux de chocolat.

CROÛTE

Beurre ou margarine	1/2 tasse	125 mL
Sucre granulé	2 c. à soupe	30 mL
Farine tout usage	1 tasse	250 mL
Noix de Grenoble hachées fin	1/3 tasse	75 mL

GARNITURE

Gélatine à saveur de pêche	2 x 3 oz	2 x 85 g
Eau bouillante	1 1/2 tasse	350 mL
Sucre granulé	1/3 tasse	75 mL
Sel	1/8 c. à thé	0,5 mL
Eau froide	1 1/2 tasse	350 mL
Jus de citron	1 c. à thé	5 mL
Abricots en conserve dans leur jus, en cubes	14 oz	398 mL

(suite...)

CRÈME

Crème à fouetter (ou 1 sachet de garniture à dessert)	1 tasse	250 mL
Sucre granulé	2 c. à thé	10 mL
Vanille	½ c. à thé	2 mL

Chocolat mi-sucré en copeaux (facultatif)

Croûte - Faire fondre le beurre dans une petite casserole. Incorporer le sucre, la farine et les noix. Presser dans un moule de 20 × 20 cm (8 × 8 po). Cuire au four à 180 °C (350 °F) 12 à 15 minutes. Laisser refroidir.

Garniture - Incorporer la gélatine à l'eau bouillante, dans un bol.

Ajouter le sucre et remuer jusqu'à ce qu'il soit dissous. Ajouter les 4 ingrédients suivants. Remuer. Réfrigérer jusqu'à consistance sirupeuse.

Verser cet épais mélange sur la croûte. Réfrigérer jusqu'à ce qu'il soit pris.

Crème - Fouetter la crème, le sucre et la vanille jusqu'à obtenir un mélange ferme. L'étaler sur la garniture. Décorer de copeaux de chocolat. Couper en 9 carrés.

Photo à la page 71.

TARTE FRAÎCHE AU CHOCOLAT

Pour les amateurs de chocolat.

Beurre ou margarine, ramolli	½ tasse	125 mL
Sucre granulé	¾ tasse	175 mL
Brisures de chocolat mi-sucré, fondues	1 tasse	250 mL
Œufs	2	2
Vanille	1 c. à thé	5 mL
Abaisse de pâte brisée cuite de 9 po (22 cm) de diamètre	1	1
Crème à fouetter (ou 1 sachet de garniture à dessert)	1 tasse	250 mL
Sucre granulé	2 c. à thé	10 mL
Vanille	½ c. à thé	2 mL
Cacao	2 c. à soupe	30 mL

Battre en crème le beurre et la première quantité de sucre jusqu'à ce que le mélange soit pâle et léger.

(suite...)

Ajouter le chocolat fondu. Bien battre. Incorporer les œufs l'un après l'autre, en fouettant vigoureusement après chaque ajout. Ajouter la première quantité de vanille et mélanger.

Verser dans l'abaisse de pâte. Réfrigérer plusieurs heures.

Fouetter la crème, le reste du sucre et de la vanille et le cacao jusqu'à obtenir un mélange ferme. En garnir la tarte entière ou chaque pointe séparément. Couper en 6 pointes.

Photo à la page 71.

FRIANDISE AUX CERISES

Délicieuse friandise, avec une couche de crème sûre et de lait condensé sucré.

CROÛTE
Beurre ou margarine	**¹/₂ tasse**	**125 mL**
Farine tout usage	**³/₄ tasse**	**175 mL**
Flocons d'avoine	**³/₄ tasse**	**175 mL**

GARNITURE
Lait condensé sucré (voir note)	**11 oz**	**300 mL**
Crème sûre	**1 tasse**	**250 mL**
Garniture à tarte aux cerises (ou pommes)	**19 oz**	**540 mL**
Jus de citron	**1 c. à thé**	**5 mL**
Essence d'amande	**¹/₂ c. à thé**	**2 mL**
Noix de Grenoble ou pacanes hachées	**¹/₂ tasse**	**125 mL**

Croûte - Faire fondre le beurre dans une casserole moyenne. Incorporer la farine et les flocons d'avoine. Presser dans un moule non graissé de 22 × 33 cm (9 × 13 po).

Garniture - Mélanger le lait condensé et la crème sûre dans un bol. Verser dans la croûte.

Mélanger la garniture de tarte, le jus de citron et l'essence d'amande dans un autre bol. Dresser sur la crème.

Saupoudrer de noix. Cuire à 180 °C (350 °F) pendant 35 à 45 minutes. Couper en 15 morceaux.

Note - On peut également se servir d'une boîte de lait condensé de 14 oz ou 398 mL.

TARTE MERINGUÉE

Toujours une agréable surprise que cette tarte au fond de meringue et de chapelure de craquelins fourrée à la crème au chocolat.

Blancs d'œufs, à la température de la pièce	3	3
Crème de tartre	¼ c. à thé	1 mL
Sucre granulé	1 tasse	250 mL
Chapelure de craquelins (Ritz par exemple)	½ tasse	125 mL
Noix de Grenoble ou pacanes hachées	1 tasse	250 mL
Vanille	1 c. à thé	5 mL

CRÈME

Crème à fouetter (ou 1 sachet de garniture à dessert)	1 tasse	250 mL
Poudre de boisson au chocolat sucrée	3 c. à soupe	50 mL
Cacao (facultatif)	1 c. à soupe	15 mL

Fouetter les blancs d'œufs et la crème de tartre jusqu'à obtenir des pics mous. Incorporer graduellement le sucre, jusqu'à obtenir un mélange ferme.

Incorporer la chapelure, les noix et la vanille en pliant. Étaler dans un moule à tarte graissé de 25 cm (10 po), montant bien sur les côtés. Cuire au four à 150 °C (300 °F) 35 à 45 minutes, jusqu'à ce que la meringue soit sèche. Laisser refroidir. Peut être congelée à ce stade.

Crème - Fouetter la crème jusqu'à ce qu'elle soit ferme. Ajouter la poudre de boisson au chocolat. Mélanger. Goûter et ajouter du cacao tamisé pour rehausser le goût de chocolat, au choix. Étendre sur la croûte, en montant vers le centre. Réfrigérer. Couper en 6 pointes.

PÊCHE MELBA

Un dessert très prisé, et coloré!

Framboises surgelées, sucrées, dans un sirop épais	10 oz	284 g
Fécule de maïs	1 c. à soupe	15 mL
Eau	2 c. à soupe	30 mL
Cuillerées de crème glacée à la vanille	4	4
Tranches de pêches sucrées, en conserve, fraîches ou surgelées	20	20

Égoutter les framboises et chauffer leur jus dans une petite casserole, à feu moyen, jusqu'à ébullition.

(suite...)

Incorporer la fécule de maïs à l'eau, puis au jus de framboises bouillant; remuer jusqu'à ébullition et épaississement. Retirer du feu. Écraser les framboises et les ajouter au jus. Remuer. Laisser refroidir.

Placer une cuillerée de crème glacée dans chaque coupe à fruits ou à sorbet. Y ajouter cinq tranches de pêches. Napper de sauce (melba) aux framboises. Pour 4 personnes.

POUDING AU PAIN

Un entremets chaleureux qui regorge de crème.

Œufs	2	2
Sucre granulé	$^3/_4$ tasse	175 mL
Sel	$^1/_4$ c. à thé	1 mL
Vanille	$^3/_4$ c. à thé	4 mL
Lait	$2^1/_2$ tasses	575 mL
Tranches de pain, coupées en carrés de 2,5 cm (1 po)	4	4
Raisins secs	$^2/_3$ tasse	150 mL
Beurre ou margarine	1 c. à soupe	15 mL

Fouetter les œufs jusqu'à ce qu'ils soient mousseux. Incorporer le sucre, le sel et la vanille. Ajouter le lait, graduellement.

Ajouter le pain et les raisins secs. Remuer à la cuillère pour humecter le mélange. Verser dans un plat d'une contenance de 1,5 L ($1^1/_2$ pte).

Garnir de beurre. Mettre le plat dans un récipient d'eau chaude. Cuire à découvert à 180 °C (350 °F) pendant 1 heure à $1^3/_4$ heure, jusqu'à ce que le pouding soit ferme. Congeler les restes. Pour 4 à 6 personnes.

GÂTEAU DES ANGES CHOCOLATÉ

Des morceaux de gâteau des anges blanc flottant dans du chocolat fondu.

Gâteau des anges de 25 cm (10 po), en bouchées	1	1
Brisures de chocolat mi-sucré	2 tasses	500 mL
Beurre ou margarine	2 c. à soupe	30 mL
Crème à fouetter (ou 2 sachets de garniture à dessert)	2 tasses	500 mL

(suite...)

Crème à fouetter (ou 1 sachet de garniture à dessert)	1 tasse	250 mL
Sucre granulé	2 c. à thé	10 mL
Vanille	1 c. à thé	5 mL
Amandes tranchées, grillées	3 c. à soupe	50 mL

Placer la moitié des morceaux de gâteau dans un moule à fond amovible de 25 cm (10 po) non graissé.

Faire fondre les brisures de chocolat et le beurre dans une casserole à fond épais, à feu doux. Remuer souvent. Retirer du feu. Laisser refroidir.

Fouetter la première quantité de crème jusqu'à ce qu'elle soit ferme. Incorporer le chocolat en pliant, en petites quantités, jusqu'à ce qu'il n'en reste plus et que le mélange soit lisse. En prendre la moitié pour napper le gâteau placé dans le moule. Ajouter les autres morceaux de gâteau et napper avec le reste de la sauce au chocolat. Réfrigérer.

Fouetter la seconde quantité de crème, le sucre et la vanille jusqu'à obtenir un mélange ferme. L'étaler sur les morceaux de gâteau.

Griller les amandes au four à 180 °C (350 °F), 5 à 10 minutes, jusqu'à ce qu'elles soient dorées. Les surveiller de près. En saupoudrer le dessert. Réfrigérer. Couper en pointes. Congeler les restes. Pour 10 personnes.

RIZ EN FÊTE

Imitation de riz frit, sans la friture.

Riz à grains longs	1¹/₂ tasse	375 mL
Carottes coupées en petits cubes	¹/₂ tasse	125 mL
Céleri coupé en petits cubes	¹/₂ tasse	125 mL
Oignon coupé en petits cubes	¹/₄ tasse	60 mL
Eau	3 tasses	750 mL
Sel	1 c. à thé	5 mL

Placer tous les ingrédients dans une casserole moyenne à fond épais. Couvrir et porter à ébullition. Laisser frémir 15 minutes, jusqu'à ce que le riz soit tendre et l'eau, évaporée. Congeler les restes. Pour 4 personnes.

Photo à la page 53.

TARTE AUX FRAMBOISES

Divine! La tarte peut être assemblée dans un joli bol plutôt qu'une abaisse de pâte. La décorer de framboises fraîches en saison.

Framboises surgelées dans un sirop épais, 15 oz dégelées et égouttées, jus réservé		**425 g**
Gélatine à saveur de framboise	**3 oz**	**85 g**
Eau bouillante	**³/₄ tasse**	**175 mL**
Jus de framboises réservé, additionné d'eau	**³/₄ tasse**	**175 mL**
Crème à fouetter (ou 1 sachet de garniture à dessert)	**1 tasse**	**250 mL**
Abaisse de pâte brisée cuite de 22 cm (9 po) de diamètre	**1**	**1**

Mettre les framboises dans un petit bol et en réserver le jus.

Verser la gélatine à saveur de framboise dans un bol moyen. Ajouter l'eau bouillante. Remuer pour dissoudre.

Ajouter le jus de framboises et les framboises. Remuer. Réfrigérer jusqu'à consistance sirupeuse.

Fouetter la crème jusqu'à ce qu'elle soit ferme. L'incorporer au mélange de framboises, en pliant.

Verser dans l'abaisse de pâte. Réfrigérer. Couper en 6 pointes.

Photo à la page 71.

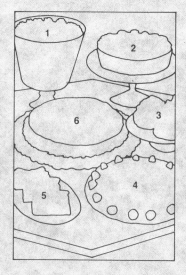

GÂTEAU DES ANGES ARC-EN-CIEL

Conserver un gâteau des anges blanc ou au citron au congélateur pour l'habiller de ce glaçage.

Sucre granulé	$^1/_3$ tasse	75 mL
Fécule de maïs	2 c. à soupe	30 mL
Ananas broyé dans son jus	14 oz	398 mL
Cerises au marasquin, en quartiers	$^1/_3$ tasse	75 mL
Essence d'amande	$^1/_2$ c. à thé	2 mL
Gélatine sans saveur	1 x $^1/_4$ oz	1 x 7 g
Eau froide	$^1/_3$ tasse	75 mL
Lait froid	$^2/_3$ tasse	150 mL
Crème à fouetter (ou 1 sachet de garniture à dessert)	1 tasse	250 mL
Gâteau des anges de 25 cm (10 po)	1	1
Amandes tranchées	2 c. à soupe	30 mL

Mélanger le sucre et la fécule de maïs dans une casserole moyenne. Ajouter l'ananas et son jus, les cerises et l'essence d'amande. Chauffer. Porter à ébullition jusqu'à épaississement, en remuant. Laisser refroidir complètement.

Faire gonfler la gélatine sur l'eau, dans une petite casserole. Laisser reposer 5 minutes. Chauffer et remuer pour dissoudre la gélatine. Retirer du feu.

Ajouter le lait et remuer. Réfrigérer jusqu'à consistance sirupeuse. Incorporer au mélange de fruits en pliant.

Fouetter la crème jusqu'à ce qu'elle soit ferme. Incorporer en pliant au mélange sirupeux. Étaler le tout sur le dessus et les bords du gâteau.

Faire griller les amandes au four à 180 °C (350 °F), 5 à 10 minutes, jusqu'à ce qu'elles soient dorées. Les surveiller de près. En saupoudrer le gâteau. Réfrigérer. Pour 4 personnes, avec des restes.

LES EN-CAS

MENU UN
Chili consistant page 84
Salade verte page 79
Cornichons
Nœuds page 79
Potée forêt noire page 83
Café Thé

MENU DEUX
Soupe au bœuf et à l'orge perlé page 77
Craquelins
Sandwich aux œufs brouillés page 80
Cornichons
Croustillant à la rhubarbe page 81
Café Thé

MENU TROIS
Lasagne page 75
Salade élégante page 76
Cornichons
Petits pains à l'oignon page 76
Gâteau mousseline
à la banane page 84
Café Thé

MENU QUATRE
Petits pains gratinés page 83
Soupe de légumes page 122
Craquelins
Cornichons sucrés, cornichons à l'aneth
Pêches à la crème page 80
Café Thé

MENU CINQ
Sloppy Joes page 78
Salade de chou page 77
Cornichons sucrés, cornichons à l'aneth
Pouding chômeur page 82
Café Thé

Préparer la moitié de cette recette pour quatre personnes, ou la doubler pour seize. Les restes se congèlent et se réchauffent bien.

Huile de cuisson	**1 c. à soupe**	**15 mL**
Bœuf haché	**1¹/₂ lb**	**750 g**
Oignon haché	**1¹/₂ tasse**	**375 mL**
Tomates en conserve	**28 oz**	**796 mL**
Sachet de mélange à sauce spaghetti	**1¹/₂ oz**	**42,5 g**
Poudre d'ail	**¹/₄ c. à thé**	**1 mL**
Œufs	**2**	**2**
Fromage cottage	**2 tasses**	**500 mL**
Lasagne	**¹/₂ lb**	**250 g**
Eau bouillante	**2¹/₂ pte**	**3 L**
Huile de cuisson	**1 c. à soupe**	**15 mL**
Sel	**2 c. à thé**	**10 mL**
Fromage mozzarella râpé	**4 tasses**	**1 L**
Fromage parmesan râpé	**¹/₂ tasse**	**125 mL**

Faire chauffer l'huile dans une poêle à frire. Ajouter le bœuf haché et l'oignon. Faire dorer la viande.

Ajouter les tomates, le mélange à sauce spaghetti et la poudre d'ail. Mijoter, en remuant de temps en temps, pendant 25 à 30 minutes.

Casser les œufs dans un bol. Les fouetter à la cuillère et ajouter du fromage cottage. Mettre de côté.

Cuire les lasagnes à découvert dans une grande marmite d'eau bouillante additionnée d'huile et de sel, pendant 14 à 16 minutes, jusqu'à ce qu'elles soient tendres, mais fermes. Égoutter.

Assembler la lasagne comme indiqué ci-après, dans un plat graissé de 22 × 33 cm (9 × 13 po) :

1. Couche de nouilles
2. ¹/₃ du fromage cottage
3. ¹/₃ sauce à la viande
4. ¹/₃ du fromage mozzarella
5-8 et 9-12. Répéter les étapes 1 à 4.
13. Saupoudrer de parmesan.

(suite...)

Cuire au four, à découvert, à 180 °C (350 °F) pendant 45 à 55 minutes, 10 minutes de plus si le plat sort du frigidaire. Laisser reposer 10 minutes avant de couper. Se congèle bien. Pour 8 personnes.

SALADE ÉLÉGANTE

Une belle salade vert foncé rehaussée d'une délicieuse vinaigrette.

VINAIGRETTE

Huile de cuisson	1 c. à soupe	15 mL
Vinaigre	2 c. à soupe	30 mL
Ketchup	4 c. à thé	20 mL
Sucre granulé	$2^1/_2$ c. à soupe	35 mL
Flocons d'oignon déshydratés	$1^1/_2$ c. à thé	7 mL

SALADE

Laitue romaine, en lanières ou coupée, légèrement tassée	4 tasses	1 L
Œuf durs, hachés	2	2
Oignons verts, hachés	2	2

Vinaigrette - Mélanger les 5 ingrédients dans un petit bol pour dissoudre le sucre. Réfrigérer pendant plusieurs heures ou toute une nuit. Donne 75 mL ($^1/_3$ tasse).

Salade - Mélanger la laitue, l'œuf et l'oignon dans un grand bol. Au moment de servir, ajouter la vinaigrette et remuer. Pour 4 personnes.

Remarque - S'il n'y a pas le temps de réfrigérer la vinaigrette avant de servir, remplacer les flocons d'oignons par 0,5 mL ($^1/_8$ c. à thé) de poudre d'oignon.

PETITS PAINS À L'OIGNON

L'oignon provient du mélange de soupe à l'oignon. Très facile à faire.

Farine tout usage	2 tasses	450 mL
Sucre granulé	1 c. à soupe	15 mL
Poudre à pâte	4 c. à thé	20 mL
Sel	$^1/_2$ c. à thé	2 mL
Mélange de soupe à l'oignon (sachet)	$^1/_2$	$^1/_2$
Beurre ou margarine, ramolli	$^1/_3$ tasse	75 mL
Lait	$^3/_4$ tasse	175 mL

(suite...)

Mélanger tous les ingrédients dans un bol. Veiller à bien agiter le mélange de soupe avant de le diviser en deux. Mélanger jusqu'à obtenir une boule de pâte douce. Abaisser à 2 cm (³/₄ po) d'épaisseur sur une surface légèrement enfarinée. Couper à l'emporte-pièce de 4,5 cm (1³/₄ po) de diamètre. Placer sur une tôle à biscuits non graissée. Cuire au four à 220 °C (425 °F) pendant 12 à 15 minutes, jusqu'à ce que les petits pains aient levé et doré. Se congèlent bien. Donne environ 16 petits pains.

SOUPE AU BŒUF ET À L'ORGE PERLÉ

Une soupe à la viande. Doubler la recette et congeler les restes.

Huile de cuisson	1 c. à soupe	15 mL
Steak de ronde ou bœuf à ragoût, en cubes	¹/₂ lb	250 g
Orge	3 c. à soupe	50 mL
Cube de bouillon de bœuf	1 x ¹/₅ oz	1 x 6 g
Feuille de laurier	¹/₂	¹/₂
Sel	¹/₂ c. à thé	2 mL
Poivre	¹/₈ c. à thé	0,5 mL
Eau	5 tasses	1,12 L
Oignon haché	¹/₂ tasse	125 mL
Carottes tranchées fin (ou en dés)	¹/₂ tasse	125 mL
Flocons de persil	¹/₂ c. à thé	2 mL
Pommes de terres en dés	¹/₂ tasse	125 mL

Faire chauffer l'huile dans une grande casserole. Ajouter le steak coupé en morceaux et faire dorer.

Ajouter les 6 prochains ingrédients. Couvrir et laisser mijoter à feu doux pendant 2 heures.

Ajouter l'oignon, les carottes et le persil. Cuire 20 minutes.

Ajouter les pommes de terre et cuire jusqu'à ce qu'elles soient tendres. Retirer la feuille de laurier. Goûter. Saler et poivrer au besoin. Donne 1,12 L (5¹/₃ tasses). Se congèle bien. Pour 4 personnes.

Photo à la page 125.

SALADE DE CHOU

Simple et facile, il suffit d'avoir un chou. Multiplier la recette au besoin.

Chou râpe, tassé	3 tasses	750 mL
Carotté moyenne, râpée	1	1
Flocons d'oignon déshydratés	2 c. à thé	10 mL
Sauce à salade de chou (achetée)	¹/₂ tasse	125 mL
Graines de céleri, pour saupoudrer		

(suite...)

Mélanger le chou, la carotte et les flocons d'oignon dans un bol.

Verser la sauce sur le chou râpé. Bien mélanger. Saupoudrer de graines de céleri. Mélanger de nouveau. Pour 4 personnes.

SLOPPY JOES

Pour nourrir seize personnes, il suffit de multiplier cette recette par quatre. Les restes se congèlent très bien.

Huile de cuisson	**1 c. à soupe**	**15 mL**
Bœuf haché	**1 lb**	**500 g**
Oignon haché	**1 tasse**	**250 mL**
Poivron vert haché (facultatif)	**2 c. à soupe**	**30 mL**
Farine tout usage	**2 c. à soupe**	**30 mL**
Sauce tomate	**$7^{1}/_{2}$ oz**	**213 mL**
Eau	**$1^{1}/_{3}$ tasse**	**325 mL**
Sauce Worcestershire	**$1^{1}/_{2}$ c. à thé**	**7 mL**
Vinaigre	**$1^{1}/_{2}$ c. à thé**	**7 mL**
Cassonade	**$1^{1}/_{2}$ c. à thé**	**7 mL**
Sel	**1 c. à thé**	**5 mL**
Poivre	**$^{1}/_{4}$ c. à thé**	**1 mL**
Moutarde préparée	**$^{1}/_{4}$ c. à thé**	**1 mL**
Pains à hamburger, tranchés et grillés	**4**	**4**

Chauffer l'huile dans une poêle à frire. Faire revenir le bœuf haché, l'oignon et le poivron vert.

Saupoudrer de farine et bien mélanger. Incorporer la sauce tomate et l'eau et cuire jusqu'à ébullition et épaisŝissement. Verser dans une grande casserole à fond épais.

Ajouter les 6 ingrédients suivants. Remuer. Mijoter à feu doux pendant 10 à 15 minutes, à découvert, en remuant souvent. Ajouter de l'eau si le mélange est trop épais.

On peut faire griller les pains à hamburger en les plaçant côté mie contre le fond d'une poêle à frire chaude ou en les passant sous la rampe du gril. Les beurrer au goût. Couvrir de viande les 2 moitiés de pain placées sur chaque assiette. Se congèlent bien. Pour 4 personnes.

Petits croissants parfumés au fromage et au sel d'assaisonnement.

Paquet de pâte à petits croissants (8 par paquet)	1	1
Lait	2 c. à thé	10 mL
Sel d'assaisonnement	$^1/_8$ c. à thé	0,5 mL
Fromage parmesan râpé	$^1/_4$ tasse	50 mL

Étaler la pâte. Couper chaque pièce en deux sur la longueur et la largeur.

Badigeonner le dessus de lait.

Mélanger le sel d'assaisonnement et le parmesan dans un bol. En saupoudrer la pâte. Partant du bord le plus large, rouler chaque pièce de pâte. Amener les bouts ensemble et les croiser à la façon d'un bretzel. Placer les nœuds sur une tôle à biscuits non graissée. Cuire au four 190 °C (375 °F) pendant 10 à 12 minutes, jusqu'à ce qu'ils soient dorés. Se congèlent bien. Donne 8 nœuds.

Photo à la page 125.

La sauce à base de concombre rehausse cette salade.

SAUCE AU CONCOMBRE

Concombre pelé et coupé en dés	$^1/_2$ tasse	125 mL
Crème sûre	$^1/_3$ tasse	75 mL
Jus de citron	1 c. à thé	5 mL
Flocons de persil	$^1/_4$ c. à thé	1 mL
Aneth	$^1/_4$ c. à thé	1 mL
Sel	$^1/_4$ c. à thé	1 mL

SALADE

Tête de laitue, coupée en morceaux, légèrement tassée	4 tasses	1 L
Champignons frais, tranchés	8 à 12	8 à 12
Tomates tranchées, en dés	4	4
Ciboulette	1 c. à thé	5 mL

(suite...)

Sauce au concombre - Mélanger les 6 ingrédients dans un bol.

Salade - Dans un grand bol, placer la laitue, les champignons, les tomates et la ciboulette. Verser la sauce sur la salade. Remuer. Pour 4 personnes.

SANDWICH AUX ŒUFS BROUILLÉS

Un délicieux sandwich qui se fait vite et plaît à toute la famille. Rehausser avec du fromage et du ketchup. Mes enfants les préfèrent avec seulement du ketchup.

Tranches de pain, grillées et beurrées	8	8
Fromage fondu à tartiner		
Ketchup		
Beurre ou margarine	1 c. à soupe	15 mL
Œufs	6	6
Eau	3 c. à soupe	50 mL
Sel, pour saupoudrer		
Poivre, pour saupoudrer		

Étaler les tranches de pain sur le comptoir. En couvrir 2 de fromage fondu et 2 de ketchup.

Faire chauffer le beurre dans une poêle à frire. Ajouter les œufs et l'eau. Casser les jaunes et remuer, jusqu'à ce que les œufs soient cuits, mais pas secs. Poivrer et saler. Étaler sur 4 tranches de pain; en couvrir 2 de fromage fondu à tartiner et 2 de ketchup. Couper chaque tranche en deux. Placer une section au fromage et une au ketchup sur chaque assiette, ou deux sections identiques. Ne pas congeler. Pour 4 personnes, 1 sandwich par personne.

PÊCHES À LA CRÈME

Une invention alléchante.

Beurre ou margarine	2 c. à soupe	30 mL
Pouding et garniture de tarte à la vanille, non instantané, format 6 portions	1	1
Farine tout usage	3/4 tasse	175 mL
Œuf	1	1
Jus de pêches réservé		
Lait	3/4 tasse	175 mL
Pêches tranchées en conserve, égouttées	14 oz	398 mL
Fromage à la crème, ramolli	8 oz	250 g
Sucre granulé	1/2 tasse	125 mL

(suite...)

Faire fondre le beurre dans un plat de 22 × 33 (9 × 13 po).

Mélanger les 5 prochains ingrédients jusqu'à obtenir un mélange lisse. Verser sur le beurre.

Disposer les tranches de pêche sur le dessus.

Fouetter le fromage à la crème et le sucre jusqu'à obtenir un mélange lisse. Le dresser sur les pêches. Cuire au four, à 180 °C (350 °F), pendant 45 minutes. Couper en 12 à 15 morceaux.

CROUSTILLANT À LA RHUBARBE

Garder de la rhubarbe au congélateur pour pouvoir confectionner ce dessert printanier à l'année longue.

Beurre ou margarine	**$1/2$ tasse**	**125 mL**
Farine tout usage	**$1^1/_2$ tasse**	**375 mL**
Flocons d'avoine	**$1^1/_2$ tasse**	**375 mL**
Cassonade, tassée	**1 tasse**	**250 mL**
Rhubarbe, coupée en morceaux de 2,5 cm (1 po) de long	**5 tasses**	**1,25 L**
Eau	**1 tasse**	**250 mL**
Sucre granulé	**1 tasse**	**250 mL**
Fécule de maïs	**2 c. à soupe**	**30 mL**
Vanille	**1 c. à thé**	**5 mL**

Faire fondre le beurre dans une casserole moyenne. Incorporer la farine, les flocons d'avoine et la cassonade. Presser la moitié de ce mélange dans un moule non graissé de 22 × 22 cm (9 × 9 po).

Mettre la rhubarbe par-dessus. Mélanger l'eau, le sucre, la fécule de maïs et la vanille dans une autre casserole, à feu moyen, jusqu'à ébullition et épaississement. Verser sur la rhubarbe. Cuire au four 180 °C (350 °F) quelque 45 minutes, jusqu'à ce que le croustillant soit cuit et doré. Couper en 9 morceaux. Se congèle bien.

POUDING CHÔMEUR

Ce dessert peut régaler quatre à seize personnes. Ce qui reste peut être glacé et servi comme gâteau.

GÂTEAU BLANC

Farine tout usage	3 tasses	700 mL
Sucre granulé	1½ tasse	350 mL
Poudre à pâte	1 c. à soupe	15 mL
Sel	1 c. à thé	5 mL
Beurre ou margarine, ramolli	¾ tasse	175 mL
Œufs	3	3
Lait	1½ tasse	350 mL
Vanille	1 c. à thé	5 mL

Placer tous les ingrédients, dans l'ordre donné, dans un bol. Battre à basse vitesse pour humecter les ingrédients. Battre à vitesse moyenne 2 ou 3 minutes, jusqu'à ce que le mélange soit lisse. Verser dans un moule graissé de 22 × 33 cm (9 × 13 po). Cuire au four à 180 °C (350 °F) pendant 35 à 40 minutes, jusqu'à ce qu'un cure-dents inséré dans le milieu du gâteau ressorte sec. Couper en 15 à 18 morceaux. Napper chaque morceau de sauce à la cassonade. Congeler le reste de gâteau.

SAUCE À LA CASSONADE

Cassonade, tassée	1¾ tasse	400 mL
Farine tout usage	⅓ tasse	75 mL
Sel	¾ c. à thé	4 mL
Eau	3 tasses	700 mL
Vanille	1½ c. à thé	7 mL
Beurre ou margarine (facultatif)	1 c. à soupe	15 mL

Bien mélanger la cassonade, la farine et le sel dans une casserole moyenne, à feu moyen.

Incorporer l'eau. Porter à ébullition à feu assez vif. Remuer souvent. Fouetter pour éliminer les grumeaux, s'il s'en forme.

Ajouter la vanille et le beurre. Remuer. Couvrir et garder au chaud. Le reste de sauce peut être congelé. Donne 900 mL (4 tasses).

POTÉE FORÊT NOIRE

Utiliser une partie du gâteau pour faire ce dessert et glacer le reste pour plus tard, ou s'en servir pour préparer d'autres portions. Ce dessert convient aisément pour seize personnes.

Gâteau au chocolat, coupé en gros morceaux (environ ¼ du gâteau)	3 tasses	750 mL
Kirsch ou sherry, pour arroser (facultatif)		
Garniture à tarte aux cerises en conserve	½ × 19 oz	½ × 540 mL
Crème à fouetter (ou ½ sachet de garniture à dessert	½ tasse	125 mL
Sucre granulé	1 c. à thé	5 mL
Vanille	¼ c. à thé	1 mL
Chocolat en copeaux, pour garnir		
Cerises au marasquin, pour garnir	4 à 8	4 à 8

Placer des morceaux de gâteau dans un joli bol. Arroser généreusement de kirsch. Verser ½ boîte de garniture à tarte aux cerises sur le gâteau.

Fouetter la crème, le sucre et la vanille dans un petit bol jusqu'à obtenir un mélange ferme. Ajouter de la crème au goût. En étaler sur les cerises.

Éventuellement garnir le dessus avec les copeaux de chocolat et les cerises. Réfrigérer jusqu'au moment de servir. Les restes se congèlent.
Pour 4 personnes.

Photo à la page 71.

PETITS PAINS GRATINÉS

Conserver des pains à hamburger et du bacon au congélateur, tant pour les dîners prévus qu'imprévus.

Tranches de bacon	2 lb	900 g
Fromage fondu à tartiner		
Pains à hamburger, tranchés		

Faire frire le bacon à l'avance. Le cuire presque complètement, mais qu'il reste tendre.

Étaler le fromage sur les moitiés de petits pains. Couper le bacon en morceaux de 12 mm (½ po) de long. Les placer sur le fromage fondu. Compter une demie tranche de bacon par demi petit pain. Placer sur une lèchefrite. Passer sous la rampe du gril jusqu'à ce que les pains soient dorés sur le pourtour et que le fromage frémisse. Prévoir 2 pains par personne (4 moitiés). Congeler le reste de bacon. Les pains peuvent être servis avec une soupe ou une salade, ou les deux. Pour 16 personnes, au moins.

CHILI CONSISTANT

Ce plat consistent, agrémenté de légumes, se congèle bien. Doubler la recette pour nourrir seize personnes.

Beurre ou margarine	2 c. à soupe	30 mL
Oignon haché	1 tasse	250 mL
Poivron vert haché	1	1
Bœuf haché	2^1/$_2$ lb	1,14 kg
Champignons tranchés, égouttés	10 oz	284 mL
Haricots rouges, égouttés	2 × 14 oz	2 × 398 mL
Maïs en grains	12 oz	341 mL
Sauce tomate	3 × 7^1/$_2$ oz	3 × 213 mL
Poudre de piments chili	1 c. à soupe	15 mL
Sucre granulé	1 c. à soupe	15 mL
Sel d'ail	^{1}/$_4$ c. à thé	1 mL
Poivre	^{1}/$_4$ c. à thé	1 mL
Sel	2 c. à thé	10 mL
Petit pois	2 tasses	500 mL

Faire fondre le beurre dans une grande casserole à fond épais. Ajouter l'oignon et le poivron vert. Faire revenir l'oignon jusqu'à ce qu'il soit tendre et transparent.

Ajouter le bœuf haché. Mélanger pour séparer la viande. Faire revenir, en ajoutant du beurre au besoin. Transférer dans une casserole plus grande.

Ajouter les 9 ingrédients suivants. Porter à ébullition. Laisser mijoter, couvert, quelque 15 minutes.

Ajouter les petits pois et mijoter encore 5 minutes. Se congèle bien.
Pour 8 personnes.

Photo à la page 35.

GÂTEAU MOUSSELINE À LA BANANE

Gros gâteau à la texture légère relevé d'une délicate saveur de banane. Servir seul ou accompagné de crème glacée ou de fruits en conserve.

Farine tout usage	2 tasses	500 mL
Sucre granulé	1^1/$_2$ tasse	375 mL
Poudre à pâte	1 c. à soupe	15 mL
Sel	1 c. à thé	5 mL

(suite...)

Huile de cuisson	1/2 tasse	125 mL
Jaunes d'œufs	7	7
Bananes mûres écrasées	1 tasse	250 mL
Jus de citron	1 c. à soupe	15 mL
Eau	1 c. à soupe	15 mL
Vanille	1 c. à thé	5 mL
Blancs d'œufs, à la température de la pièce	7	7
Crème de tartre	1/2 c. à thé	2 mL

Tamiser les 4 premiers ingrédients dans un bol. Creuser un puits au centre.

Verser les 6 ingrédients suivants dans ce puits. Ne pas battre tout de suite. Mettre de côté.

Fouetter les blancs d'œufs jusqu'à ce qu'ils soient mousseux. Ajouter la crème de tartre. Fouetter jusqu'à consistance très ferme. Avec les mêmes fouets, battre le mélange de jaunes d'œufs jusqu'à ce qu'il soit lisse. Petit à petit et en douceur, incorporer ce mélange aux blancs d'œufs, en pliant. Verser dans un moule à vacherin non graissé de 30 cm (10 po). Cuire au four à 160 °C (325 °F) 60 à 65 minutes, jusqu'à ce qu'un cure-dents inséré dans le milieu de gâteau ressorte sec. Inverser le moule jusqu'à ce que le gâteau ait refroidi. On peut congeler le gâteau à ce stade. Glacer avec le glaçage à la cassonade au moment de servir.

GLAÇAGE À LA CASSONADE

Beurre ou margarine	2 c. à soupe	30 mL
Cassonade, tassée	1/2 tasse	125 mL
Eau	2 c. à soupe	30 mL
Vanille	1/2 c. à thé	2 mL
Sucre à glacer	1 tasse	250 mL

Fouetter le beurre, la cassonade et l'eau dans un petit bol jusqu'à ce que le sucre soit dissous.

Mélanger la vanille et le sucre à glacer. Battre jusqu'à ce que le mélange soit lisse. Au besoin, ajouter de l'eau, juste assez pour que le glaçage soit légèrement coulant. Glacer le gâteau. Pour 16 personnes.

PÂTES

MENU UN

Pâtes au crabe page 96
Aspic de tomates page 87
Asperges marinées page 91
Pain à l'ail page 117
Carrés au rhum et aux noix page 98
Café Thé

MENU DEUX

Bœuf aux nouilles page 97
Aspic de pamplemousses page 93
Petits pains à l'orange page 87
Sirop au four page 95
Sauce au citron page 128
Café Thé

MENU TROIS

Pâtes en sauce à la viande page 92
Salade amandine à l'orange page 88
Petits pains collants au fromage page 91
Croustillant aux bleuets page 96
Café Thé

MENU QUATRE

Pâtes à la sauce à steak page 94
Petits pains
Pouding au caramel page 95
Garniture de fraises
Crème fouettée
Café Thé

PETITS PAINS À L'ORANGE

Ces petits pains frais dégagent un léger parfum d'orange.

Farine tout usage	2 tasses	450 mL
Poudre à pâte	1 c. à soupe	15 mL
Sel	1/2 c. à thé	2 mL
Beurre ou margarine froid	3 c. à soupe	50 mL
Zeste d'orange râpé	1 c. à soupe	15 mL
Lait	3/4 tasse	175 mL

Mettre la farine, la poudre à pâte et le sel dans un bol. Y couper le beurre jusqu'à consistance granuleuse.

Ajouter le zeste d'orange et le lait. Mélanger jusqu'à obtenir une boule de pâte douce. Pétrir 6 à 8 fois. Abaisser jusqu'à 2 cm (3/4 po) d'épaisseur. Couper à l'emporte-pièce de 4,5 cm (1 3/4 po) de diamètre. Placer sur une tôle à biscuits non graissée. Cuire au four à 220 °C (425 °F) 12 à 15 minutes jusqu'à ce que les petits pains soient gonflés et dorés. Se congèlent bien. Donne environ 16 pains.

ASPIC DE TOMATES

Un peu de rouge pour colorer les assiettes, notamment celles de pâtes.

Jus de tomate	1 2/3 tasse	375 mL
Gélatine à saveur de citron	3 oz	85 g
Sel d'assaisonnement	1/2 c. à thé	2 mL
Sauce Worcestershire	1 c. à thé	5 mL
Concombre, pelé, vidé, en dés	1/3 tasse	75 mL
Céleri en petits dés	1/4 tasse	50 mL
Pousses de luzerne	4 oz	125 g
Sauce à salade (ou mayonnaise)		

Mettre les 4 premiers ingrédients dans une casserole moyenne. Chauffer à feu moyen en remuant jusqu'à ce que la gélatine soit dissoute. Réfrigérer jusqu'à consistance sirupeuse.

Incorporer le concombre et le céleri en pliant. Verser dans une moule à aspic d'une contenance de 750 mL (3 tasses) ou dans des plats individuels. Réfrigérer.

Former un lit de pousses de luzerne un peu plus grand que les plats, ou un grand lit si un grand moule est employé. Démouler la salade sur la luzerne. Garnir d'une cuillerée de sauce à salade ou décorer de bouquets de brocoli ou d'oignons verts. Pour 4 personnes.

Photo à la page 89.

SALADE AMANDINE À L'ORANGE

Un superbe accompagnement où se nichent des crevettes.

VINAIGRETTE

Yaourt aux pêches	¼ tasse	60 mL
Crème sûre	¼ tasse	60 mL
Jus de citron	1 c. à thé	5 mL

SALADE

Tête de laitue frisée, en lanières, légèrement tassée, environ 1,1 à 1,4 L (5 à 6 tasses)	1	1
Crevettes à salade en conserve, ou petites crevettes, égouttées	4 oz	113 g
Mandarines en conserve, égouttées, jus réservé	10 oz	284 mL
Amandes tranchées, grillées	¼ tasse	60 mL

Vinaigrette - Mélanger les 3 ingrédients dans un grand bol.

Salade - Ajouter la laitue à la vinaigrette. Mélanger. Mettre dans 4 assiettes ou bols.

Répartir les crevettes dans les assiettes, les plaçant sur la laitue. Décorer avec des quartiers de mandarines. Faire griller les amandes au four à 180 °C (350 °F) 5 à 10 minutes, remuant une ou deux fois, puis les laisser refroidir. Répandre les amandes sur la salade. Pour 4 personnes.

Un petit goût de marinade.

Pointes d'asperges en conserve, égouttées	**12 oz**	**341 mL**
Vinaigrette italienne, pour couvrir		
Pimiento en lanières	**4**	**4**

Placer les pointes d'asperges dans un moule à pain. Couvrir de vinaigrette. Couvrir le plat et laisser mariner au réfrigérateur pendant 24 heures.

Sortir les asperges du plat avec une écumoire, en faisant attention de ne pas les briser, et les répartir dans 4 assiettes. Poser une lanière de pimiento sur les asperges. On peut aussi mettre toutes les asperges dans une grande assiette de service. Pour 4 personnes.

PETITS PAINS COLLANTS AU FROMAGE

Petits pains nappés de fromage fondu et de beurre.

Farine tout usage	**2 tasses**	**450 mL**
Poudre à pâte	**4 c. à thé**	**20 mL**
Sucre granulé	**1 c. à thé**	**5 mL**
Sel	**$^3/_4$ c. à thé**	**4 mL**
Beurre ou margarine froid	**$^1/_4$ tasse**	**60 mL**
Lait	**$^2/_3$ tasse**	**150 mL**
Beurre ou margarine	**$^1/_2$ tasse**	**125 mL**
Fromage cheddar mi-fort, râpé	**1 tasse**	**250 mL**

Mettre les 4 premiers ingrédients dans un bol. Y couper le beurre jusqu'à consistance granuleuse.

Incorporer le lait jusqu'à obtenir une boule de pâte douce. Pétrir 6 à 8 fois. Abaisser jusqu'à 2 cm ($^3/_4$ po) d'épaisseur. Couper avec un emporte-pièce rond de 4,5 cm (1$^3/_4$ po) de diamètre. Placer dans un plat peu profond de 20 × 20 cm (8 × 8 po) couvert de papier d'aluminium pour faciliter le nettoyage.

Faire fondre le beurre et le laisser refroidir. Ajouter le fromage. Mélanger puis en déposer sur chaque petit pain. Cuire au four à 220 °C (425 °F) 12 à 15 minutes. Donne environ 16 pains.

Photo à la page 125.

PÂTES EN SAUCE À LA VIANDE

Une assiette de pâtes garnies d'une sauce à la viande qui n'est pas à base de tomates.

SAUCE À LA VIANDE

Huile de cuisson	1¹/₂ c. à soupe	25 mL
Bœuf haché	1¹/₂ lb	700 g
Oignon haché	³/₄ tasse	175 mL
Farine tout usage	3 c. à soupe	50 mL
Sel	1¹/₂ c. à thé	7 mL
Poivre, grosse pincée	¹/₄ c. à thé	1 mL
Bouillon de bœuf en poudre	1 c. à thé	5 mL
Poudre d'ail	¹/₄ c. à thé	1 mL
Crème de champignons condensée	10 oz	284 mL
Crème sûre	1 tasse	250 mL
Nouilles, moyennes ou larges	13 oz	375 g
Eau bouillante	4 pte	5 L
Huile de cuisson	1 c. à soupe	15 mL
Sel	1 c. à soupe	15 mL

Sauce à la viande - Chauffer la première quantité d'huile dans une poêle à frire. Ajouter le bœuf haché et l'oignon. Faire dorer la viande.

Incorporer la farine, la première quantité de sel, le poivre, le bouillon en poudre et la poudre d'ail. Ajouter la soupe et la crème sûre en remuant jusqu'à ébullition et épaississement. Garder au chaud pendant que les pâtes cuisent.

Cuire les nouilles dans l'eau bouillante, le reste de l'huile et le sel dans une grande casserole découverte pendant 5 à 7 minutes jusqu'à ce qu'elles soient tendres, mais fermes. Égoutter. Placer dans 4 assiettes. Couvrir de sauce. Les pâtes et la sauce peuvent être servies séparément. Congeler les restes. Pour 4 personnes.

Un véritable monument d'agrumes.

Gélatine sans saveur	1 × ¼ oz	1 × 7 g
Eau	¼ tasse	50 mL
Sucre granulé	½ tasse	125 mL
Jus de pamplemousse	1¼ tasse	275 mL
Quartiers de pamplemousse en conserve, égouttés	14 oz	398 mL
Quartiers de mandarines en conserve, égouttés	10 oz	284 mL
Céleri haché	½ tasse	125 mL
Cerises au marasquin hachées	2 c. à soupe	30 mL

SAUCE À SALADE

Sauce à salade (ou mayonnaise)	¼ tasse	60 mL
Jus de lime	1 c. à soupe	15 mL
Sucre granulé	4 c. à thé	20 mL
Crème à fouetter	¼ tasse	60 mL

Saupoudrer la gélatine sur l'eau, dans une petite casserole. Laisser reposer 5 minutes. Chauffer et remuer pour dissoudre la gélatine.

Incorporer le sucre pour le dissoudre. Ajouter le jus de pamplemousse. Verser dans un bol. Réfrigérer jusqu'à consistance sirupeuse.

Incorporer les quartiers de pamplemousse et de mandarine, le céleri et les cerises. Verser dans un moule à aspic d'une contenance de 1 L (4 tasses). Réfrigérer. Démouler. Servir avec la sauce à salade.

Sauce à salade - Mélanger la sauce à salade, le jus de lime et le sucre dans un bol moyen.

Fouetter la crème jusqu'à ce qu'elle soit ferme. L'incorporer à la sauce à salade, en pliant. Démouler la salade et la décorer avec la sauce. Pour 4 personnes, largement.

Variation - Les fruits et le jus en conserve peuvent être remplacés par des fruits et du jus frais.

PÂTES À LA SAUCE À STEAK

Une coupe peu dispendieuse nappée d'une onctueuse sauce à la tomate.

SAUCE À STEAK

Huile de cuisson	1 c. à soupe	15 mL
Steak de ronde ou à ragoût, en cubes	1 lb	500 g
Oignon haché	1 tasse	250 mL
Sel	1 c. à thé	5 mL
Poivre	$1/4$ c. à thé	1 mL
Eau	1 tasse	250 mL
Farine tout usage	1 c. à soupe	15 mL
Sauce tomate	$7^1/_2$ oz	213 mL
Crème sûre	$1/2$ tasse	125 mL
Vin rouge (ou vin sans alcool)	1 c. à soupe	15 mL
Nouilles, largeur moyenne	13 oz	375 g
Eau bouillante	4 pte	5 L
Huile de cuisson	1 c. à soupe	15 mL
Sel	1 c. à soupe	15 mL

Sauce à steak - Faire chauffer la première quantité d'huile dans une casserole à fond épais. Ajouter la viande et la faire dorer.

Ajouter l'oignon, la première quantité de sel, le poivre et l'eau. Porter à ébullition. Laisser mijoter, couvert, pendant $1^1/_2$ heure, jusqu'à ce que la viande soit tendre. Ajouter de l'eau au besoin, mais sans qu'il en reste trop à la fin de la cuisson.

Au fouet, incorporer la sauce tomate jusqu'à ce que le mélange soit lisse. Ajouter à la viande, avec la crème sûre et le vin. Porter à ébullition rapide. Garder au chaud pendant que les pâtes cuisent.

Cuire les nouilles dans l'eau bouillante, le reste de l'huile et le sel dans une grande casserole découverte pendant 5 à 7 minutes jusqu'à ce qu'elles soient tendres, mais fermes. Égoutter. Placer dans 4 assiettes. Couvrir de sauce. Les pâtes et la sauce peuvent être servies séparément. Congeler les restes. Pour 4 personnes.

POUDING AU CARAMEL

Cette variation du pouding classique est un peu particulière, mais combien délicieuse. Des fraises en conserve ou congelées conviennent aussi bien.

Mélange à pouding au caramel, format 4 portions (non instantané)	1	1
Fraises surgelées, dégelées, tranchées, ou fraises en conserve	¹/₂ tasse	125 mL
Crème à fouetter (ou ¹/₂ sachet de garniture à dessert)	¹/₂ tasse	125 mL
Sucre granulé	1 c. à thé	5 mL
Vanille	¹/₂ c. à thé	2 mL

Préparer le pouding en suivant les directives données sur l'emballage. Réfrigérer.

Mettre le pouding froid dans 4 coupes à sorbet. Couvrir de fraises et de jus.

Fouetter la crème, le sucre et la vanille dans un petit bol jusqu'à obtenir un mélange presque ferme. En garnir les fruits. Pour 4 personnes.

SIROP AU FOUR

Cet entremets ressemble à un gâteau. Il est délicieux avec une sauce au citron.

Sirop de maïs	1 tasse	250 mL
Beurre ou margarine, ramolli	2 c. à soupe	30 mL
Œuf	1	1
Farine tout usage	1¹/₄ tasse	300 mL
Poudre à pâte	¹/₂ c. à thé	2 mL
Bicarbonate de soude	¹/₂ c. à thé	2 mL
Sel	¹/₂ c. à thé	2 mL

Bien mélanger le sirop, le beurre et l'œuf dans un bol.

Ajouter les autres ingrédients. Bien mélanger. Verser dans un moule de 20 × 20 cm (8 × 8 po) graissé. Cuire au four à 180 °C (350 °F) jusqu'à ce qu'un cure-dents inséré dans le milieu ressorte sec. Laisser reposer 20 minutes. Démouler. Servir tiède avec de la sauce au citron (page 128) tiède. Pour 4 à 6 personnes.

CROUSTILLANT AUX BLEUETS

Un entremets délectable qui plaît à tous.

Garniture de tarte aux bleuets	19 oz	540 mL
Jus de citron	1 c. à thé	5 mL
Farine tout usage	1 tasse	250 mL
Sucre granulé	3 c. à soupe	50 mL
Poudre à pâte	1½ c. à thé	7 mL
Sel	½ c. à thé	2 mL
Beurre ou margarine, froid	3 c. à soupe	50 mL
Lait froid	½ tasse	125 mL

Mettre la garniture de tarte et le jus de citron dans un bol. Remuer. Verser dans un plat de 20 cm (8 po). Mettre au four chaud, à 190 °C (375 °F) en attendant que la garniture soit prête.

Mettre les 4 ingrédients suivants dans un bol. Y couper le beurre jusqu'à consistance granuleuse.

Ajouter le lait. Mêler pour humecter. Dresser à la cuillère sur le mélange de bleuets. Cuire au four, découvert, 20 à 25 minutes, jusqu'à ce que le dessus soit gonflé et doré. Congeler les restes. Pour 4 à 6 personnes.

PÂTES AU CRABE

Un duo épatant! Le fromage cheddar râpé ajoute de la couleur et du goût au plat. Congeler les restes.

Nouilles aux œufs, larges	3 tasses	750 mL
Eau bouillante	2½ pte	3 L
Huile de cuisson	1 c. à soupe	15 mL
Sel	2 c. à thé	10 mL
Beurre ou margarine	2 c. à soupe	30 mL
Oignon haché	⅓ tasse	75 mL
Farine tout usage	2 c. à soupe	30 mL
Sel	½ c. à thé	2 mL
Poivre	¼ c. à thé	1 mL
Moutarde préparée	½ c. à thé	2 mL
Lait	1½ tasse	375 mL
Chair de crabe (ou crabe en conserve)	2 tasses	500 mL
Fromage cheddar mi-fort, râpé	1¼ tasse	300 mL

(suite...)

Cuire les nouilles aux œufs dans l'eau bouillante, l'huile et la première quantité de sel dans une grande casserole découverte pendant 5 à 7 mi-nutes jusqu'à ce qu'elles soient tendres, mais fermes. Égoutter. Remettre les nouilles dans la casserole.

Faire fondre le beurre dans une autre casserole. Ajouter l'oignon et le faire revenir jusqu'à éclaircir. Ne pas le laisser dorer.

Saupoudrer de farine, de sel et de poivre. Bien mélanger. Incorporer la moutarde et le lait et cuire jusqu'à ébullition et épaississement. Mélanger la moitié de cette sauce aux nouilles égouttées. Remuer. Répartir les nouilles dans 4 plats individuels.

Placer le crabe sur les nouilles. Verser le reste de la sauce sur le crabe.

Saupoudrer de fromage. Coucher une feuille de papier d'aluminium graissé sur les plats et cuire au four à 180 °C (350 °F) 20 à 25 minutes, jusqu'à ce que le tout soit bien chaud. Enlever le papier d'aluminium et remettre au four encore 5 minutes, pour dorer le dessus. Pour 4 personnes.

Photo à la page 35.

BŒUF AUX NOUILLES

Un régal de fromage!

Nouilles aux œufs, moyennes	8 oz	250 g
Eau bouillante salée	2$\frac{1}{2}$ pte	3 L
Huile de cuisson	1 c. à soupe	15 mL
Sel	2 c. à thé	10 mL
Bœuf haché	1 lb	454 g
Oignon haché	$\frac{3}{4}$ tasse	175 mL
Huile de cuisson	1 c. à soupe	15 mL
Crème de champignons condensée	10 oz	284 mL
Lait	$\frac{1}{2}$ tasse	125 mL
Sel	$\frac{1}{2}$ c. à thé	2 mL
Sel d'assaisonnement	$\frac{1}{4}$ c. à thé	1 mL
Poivre	$\frac{1}{8}$ c. à thé	0,5 mL
Fromage cheddar mi-fort, râpé	1 tasse	250 mL
Fromage cheddar mi-fort, râpé	1 tasse	250 mL

Cuire les nouilles dans l'eau bouillante salée et les premières quantités d'huile et de sel dans une grande casserole découverte pendant 15 minutes, jusqu'à ce qu'elles soient tendres, mais fermes. Égoutter. Verser les nouilles dans une grande casserole de 2,5 L (2 pte).

(suite...)

Faire revenir la viande et l'oignon dans la seconde quantité d'huile, dans une poêle.

Ajouter les 6 ingrédients suivants au contenu de la poêle. Mélanger. Verser sur les nouilles. Soulever les nouilles avec une fourchette pour faire pénétrer la sauce.

Répandre le reste de fromage sur le dessus. Couvrir et cuire au four, à 180 °C (350 °F), pendant 20 minutes. Retirer le couvercle. Cuire jusqu'à ce que le tout soit bien chaud et doré. Congeler les restes. Pour 4 personnes, largement.

CARRÉS AU RHUM ET AUX NOIX

Une délicieuse et riche friandise.

CROÛTE

Beurre ou margarine	$1/3$ tasse	75 mL
Chapelure de biscuits Graham	$1^{1}/_{4}$ tasse	275 mL
Sucre granulé	2 c. à soupe	30 mL

GARNITURE

Beurre ou margarine, ramolli	$1/2$ tasse	125 mL
Sucre à glacer	$1^{1}/_{2}$ tasse	375 mL
Vanille	1 c. à thé	5 mL
Essence de rhum	$1/4$ c. à thé	1 mL
Œufs	2	2

CRÈME

Crème à fouetter	$1/2$ tasse	125 mL
Noix de Grenoble hachées	$1/2$ tasse	125 mL
Essence de rhum	$1/4$ c. à thé	1 mL

Croûte - Faire fondre le beurre dans une casserole. Incorporer la chapelure et le sucre. Prélever 60 mL ($1/4$ tasse) du mélange. Presser le reste dans un moule non graissé de 20 × 20 cm (8 × 8 po). Mettre de côté.

Garniture - Battre en crème le beurre, le sucre à glacer, la vanille et l'essence de rhum jusqu'à obtenir un mélange lisse, ajoutant de l'essence de rhum au goût. Incorporer les œufs l'un après l'autre. Verser sur le fond de chapelure.

Crème - Fouetter la crème jusqu'à ce qu'elle soit ferme. Incorporer les noix de Grenoble en pliant. Étaler le mélange sur la garniture. Saupoudrer avec le reste de chapelure. Réfrigérer. Couper en 6 gros morceaux.

MENU UN
Quiche au jambon et
aux asperges page 100
Salade moulée page 104
Petits pains à l'aneth page 102
Pommes frites page 110
Café Thé

MENU DEUX
Omelette en casserole page 100
Tomates au four page 111
Pain grillé beurré
Pouding au riz page 111
Café Thé

MENU TROIS
Quiche au brocoli page 101
Salade givrée aux fraises page 105
Petits pains en trèfle
Pommes en crème page 109
Café Thé

MENU QUATRE
Omelette aux tomates page 103
Salade printanière page 102
Pain grillé beurré
Gâteau au fromage
sans cuisson page 113
Café Thé

MENU CINQ
Quiche aux piments verts page 106
Salade aux épinards et aux pommes page 110
Baguette tranchée
Compote de fruits page 112
Tarte au chocolat page 112
Café Thé

QUICHE AU JAMBON ET AUX ASPERGES

Des ingrédients qui se marient naturellement, particulièrement pour le dîner.

Beurre ou margarine	1 c. à soupe	15 mL
Oignon haché	1/2 tasse	125 mL
Jambon cuit, haché	1/4 lb	125 g
Fromage cheddar mi-fort, râpé, légèrement tassé	1 tasse	250 mL
Œufs	3	3
Crème légère	1 tasse	250 mL
Poivre, pour saupoudrer		
Asperges en conserve, égouttées	10 oz	284 mL
Abaisse de tarte de 22 cm (9 po) de diam.	1	1

Faire fondre le beurre dans une poêle à frire ou une casserole. Ajouter l'oignon et faire revenir jusqu'à attendrir. Ajouter le jambon. Faire revenir jusqu'à ce que les oignons soient dorés.

Ajouter le fromage. Remuer pour le faire fondre.

Dans un petit bol, fouetter les œufs jusqu'à ce qu'ils soient mousseux. En fouettant lentement, ajouter la crème et le poivre. Incorporer le mélange d'œufs au mélange de jambon. Retirer du feu. Laisser refroidir.

Disposer les pointes d'asperges dans l'abaisse de pâte en étoile en partant du centre. Verser le mélange chaud sur les asperges. Cuire au four à 220 °C (425 °F) quelque 30 minutes, jusqu'à ce qu'un couteau inséré au milieu de la quiche ressorte sec. Congeler les restes. Pour 4 personnes.

OMELETTE EN CASSEROLE

Enfin une omelette qui cuit toute seule.

Tranches de bacon	6	6
Champignons frais, tranchés	1 lb	454 g
Oignons verts, tranchés	4	4
Œufs	8	8
Lait	1 tasse	250 mL
Sel	1/2 c. à thé	2 mL
Poivre	1/8 c. à thé	0,5 mL
Sel d'assaisonnement	1/8 c. à thé	0,5 mL
Fromage Monterey Jack râpé	2 1/2 tasses	600 mL

(suite...)

Faire frire le bacon à la poêle. Le sécher sur des serviettes en papier.

Faire revenir les champignons et les oignons dans la poêle. Ajouter du beurre ou du la margarine si la graisse du bacon ne suffit pas.

Fouetter les œufs jusqu'à ce qu'ils soient mousseux. Incorporer le lait, le sel, le poivre, le sel d'assaisonnement et le fromage. Émietter le bacon et l'ajouter au mélange, ainsi que les champignons et les oignons. Verser dans un plat d'une contenance de 2,5 L (2 pte). Cuire au four à découvert à 180 °C (350 °F) 35 à 40 minutes, jusqu'à ce que l'omelette soit prise. Pour 6 à 8 personnes.

Photo à la page 107.

QUICHE AU BROCOLI

Un plat dont on ne se lasse pas.

Beurre ou margarine	2 c. à soupe	30 mL
Oignon haché	1 tasse	250 mL
Champignons frais, tranchés	1 tasse	250 mL
Farine tout usage	2 c. à soupe	30 mL
Sel	1 c. à thé	5 mL
Poivre	$^1/_4$ c. à thé	1 mL
Lait	1 tasse	250 mL
Œufs, légèrement battus	3	3
Brocoli haché, cuit et égoutté	2 tasses	500 mL
Fromage cheddar mi-fort, râpé, légèrement tassé	1 tasse	250 mL
Abaisse de pâte de 20 cm (9 po) de diam. ou 4 tartelettes individuelles	1	1

Faire fondre le beurre dans une poêle à frire. Ajouter les oignons et les champignons. Faire revenir jusqu'à attendrir.

Incorporer la farine, le sel et le poivre. Ajouter le lait, en remuant jusqu'à ébullition et épaississement. Retirer du feu.

Incorporer les œufs en remuant vivement. Ajouter le brocoli.

Répandre le fromage dans le fond de l'abaisse de pâte. Verser le mélange chaud par-dessus. Cuire au four, sur l'étagère du bas, à 190 °C (375 °F) quelque 30 minutes, jusqu'à ce qu'un couteau inséré au milieu de la quiche ressorte sec. Congeler les restes. Pour 4 personnes.

Photo à la page 107.

PETITS PAINS À L'ANETH

Un petit pain qui sort agréablement de l'ordinaire.

Farine tout usage	2 tasses	450 mL
Poudre à pâte	4 c. à thé	20 mL
Sucre granulé	1 c. à soupe	15 mL
Sel	$^1/_2$ c. à thé	2 mL
Fromage parmesan râpé	2 c. à thé	10 mL
Flocons de persil	1 c. à thé	5 mL
Poudre d'oignon	$^1/_4$ c. à thé	1 mL
Aneth	$^1/_2$ c. à thé	2 mL
Lait	$^3/_4$ tasse	175 mL
Huile de cuisson	$^1/_3$ tasse	75 mL

Mettre les 8 premiers ingrédients dans un bol moyen. Mélanger.

Ajouter le lait et l'huile. Remuer jusqu'à obtenir une boule de pâte douce. Abaisser jusqu'à 2 cm ($^3/_4$ po) d'épaisseur. Couper avec un emporte-pièce de 4,5 cm (1$^3/_4$ po) de diamètre. Placer sur une tôle à biscuits non graissée. Cuire au four à 220 °C (425 °F) 12 à 15 minutes jusqu'à ce que les petits pains soient gonflés et dorés. Se congèlent bien. Donne environ 16 pains.

SALADE PRINTANIÈRE

C'est la vinaigrette qui fait toute la légèreté de cette rafraîchissante salade.

VINAIGRETTE

Vinaigre de vin rouge	1 c. à soupe	15 mL
Sucre granulé	1 c. à soupe	15 mL
Huile de cuisson	2 c. à soupe	30 mL
Moutarde sèche en poudre	$^1/_4$ c. à thé	1 mL

SALADE

Légumes verts, variés ou non, coupés ou en lanières, légèrement tassés	4 tasses	1 L
Ciboulette hachée	1 c. à soupe	15 mL
Raisins sans pépins, entiers ou en moitiés	1 tasse	250 mL
Fromage cheddar mi-fort, râpé	$^1/_2$ tasse	125 mL

Vinaigrette - Mélanger les 4 ingrédients.

Salade - Mélanger les légumes verts, la ciboulette, les raisins et le fromage dans un grand bol. Y ajouter la vinaigrette. Mélanger. Pour 4 personnes.

OMELETTE AUX TOMATES

Cette omelette cuit sans surveillance, à feu doux, sur un rond. Servie avec un peu de sauce soya, le goût n'en est que rehaussé.

Tranches de bacon	6	6
Oignon tranché	1 tasse	250 mL
Tomates tranchées	3 ou 4	3 ou 4
Sel, pour saupoudrer		
Poivre, pour saupoudrer		
Basilic, pour saupoudrer légèrement		
Œufs	8	8
Eau	2 c. à soupe	30 mL
Flocons de persil	$\frac{1}{4}$ c. à thé	1 mL
Sel, pour saupoudrer		
Poivre, pour saupoudrer		
Sauce soya, pour arroser		

Faire frire le bacon dans une poêle de 25 cm (10 po) à fond épais. Retirer le bacon et le couper en bouchées.

Faire revenir les tranches d'oignon dans la graisse de bacon, à feu doux, pour attendrir et dorer. Drainer le gras. Étaler l'oignon en une couche au fond de la poêle.

Disposer les tomates sur les oignons. Mettre les morceaux de bacon sur les tomates. Saupoudrer de sel, de poivre et de basilic.

Battre les œufs, l'eau, le persil et du sel et poivre dans un bol, à la fourchette ou au fouet. Verser dans la poêle. Couvrir et cuire à feu aussi doux que possible jusqu'à ce que les œufs soient pris, 20 à 25 minutes.

Arroser de quelques gouttes de sauce soya. Couper en 4. Pour 4 personnes.

Photo à la page 107.

SALADE MOULÉE

Cette salade à base de légumes, aux couches superposées verte, jaune et orange, attire les regards.

Gélatine à saveur de citron	3 oz	85 g
Sel	1½ c. à thé	7 mL
Eau bouillante	1 tasse	225 mL
Eau froide	½ tasse	125 mL
Vinaigre	1½ c. à soupe	25 mL
Carottes râpées fin	¾ tasse	175 mL
Chou râpé fin	1 tasse	250 mL
Brocoli râpé fin	¾ tasse	175 mL
Feuilles de laitue	6	6
Sauce à salade (ou mayonnaise)		

Dissoudre la gélatine et le sel dans l'eau bouillante, dans un bol.

Incorporer l'eau froide et le vinaigre. Répartir également dans 3 petits bols. Réfrigérer jusqu'à consistance sirupeuse.

Incorporer les carottes dans un des bols de gélatine. Verser dans six moules à aspic individuels. Réfrigérer jusqu'à ce que le mélange soit ferme, mais pas entièrement pris. Conserver les 2 autres bols de gelée à la température de la pièce.

Ajouter le chou à un autre bol de gélatine. Mélanger et verser sur le mélange de carottes. Réfrigérer jusqu'à ce que le mélange soit ferme, mais pas entièrement pris.

Ajouter le brocoli au dernier bol de gélatine. Mélanger et verser sur le chou. Réfrigérer.

Démouler sur un lit de laitue. Couronner d'une cuillerée de sauce à salade. Décorer avec des petits morceaux de tomate et du persil. Donne 6 moules individuels d'environ 125 mL (½ tasse) chacun.

Photo à la page 89.

SALADE GIVRÉE AUX FRAISES

Se conserve au congélateur, prête à servir. En plus de son agréable teint rosé, cette salade est un plaisir à déguster.

Gélatine à saveur de fraise	3 oz	85 g
Eau bouillante	1 tasse	225 mL
Jus d'ananas broyé	¹/₂ tasse	125 mL
Sauce à salade (ou mayonnaise)	¹/₂ tasse	125 mL
Ananas broyé, égoutté	14 oz	398 mL
Raisins rouges sans pépins, en moitiés	¹/₂ tasse	125 mL
Cerises au marasquin hachées	¹/₄ tasse	50 mL
Pacanes ou noix de Grenoble hachées	¹/₄ tasse	50 mL
Bananes, pelées et en dés	1	1
Crème à fouetter (ou 1 sachet de garniture à dessert)	1 tasse	250 mL
Feuilles de laitue	4	4

Mélanger la gélatine et l'eau bouillante dans un bol moyen. Remuer pour disoudre.

Au fouet, incorporer le jus d'ananas et la sauce à salade. Réfrigérer jusqu'à ce que le mélange commence à prendre. Remuer une ou deux fois pendant que le mélange est au frais.

Incorporer, en pliant, l'ananas, les raisins, les cerises, les pacanes et la banane.

Fouetter la crème jusqu'à ce qu'elle soit ferme. L'incorporer à la salade en pliant. Verser le mélange dans un moule à muffins garni de papiers. Congeler sans couvrir. Ranger dans un récipient couvert.

Au moment de servir, ôter les papiers à muffins et placer 2 salades sur chaque feuille de laitue. Décorer de jolies feuilles vertes. Donne à quelque 20 salades dans des papiers à muffins grand format.

Photo sur la couverture.

QUICHE AUX PIMENTS VERTS

Avec ses deux fromages et son parfum de piments verts, cette quiche est agréable au repas du midi.

Abaisse de tarte de 22 cm (9 po) de diam.	1	1
Fromage Monterey Jack râpé	1¹/₂ tasse	375 mL
Fromage cheddar mi-fort, râpé	1 tasse	250 mL
Piments chili verts hachés	4 oz	114 mL
Champignons en conserve tranchés, égouttés	10 oz	284 mL
Œufs	3	3
Sel	¹/₄ c. à thé	1 mL
Poivre	¹/₈ c. à thé	0,5 mL
Cumin	¹/₄ c. à thé	1 mL
Lait	1 tasse	250 mL
Fromage cheddar mi-fort, râpé	¹/₂ tasse	125 mL

Répandre le Monterey Jack râpé puis la première quantité de cheddar, les piments verts et les champignons dans une abaisse de pâte non cuite.

Fouetter les œufs jusqu'à ce qu'ils soient mousseux. Incorporer le sel, le poivre et le cumin. Ajouter le lait. Verser sur les champignons.

Répandre le reste de fromage sur le dessus. Cuire au four, sur l'étagère du bas, à 180 °C (350 °F), 35 à 40 minutes, jusqu'à ce qu'un couteau inséré au milieu ressorte sec. Congeler les restes. Pour 4 personnes.

Photo à la page 107.

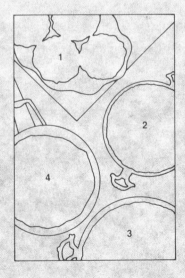

POMMES EN CRÈME

Un entremets frais aux pommes, rehaussé d'une croûte de chapelure et d'une garniture crémeuse.

CROÛTE

Chapelure de biscuits Graham	1^1/$_4$ **tasse**	**275 mL**
Sucre granulé	**2 c. à soupe**	**30 mL**
Beurre ou margarine, fondu	^{1}/$_3$ **tasse**	**75 mL**

GARNITURE

Beurre ou margarine	**1 c. à soupe**	**15 mL**
Pommes moyennes, pelées et tranchées	**5**	**5**
Cannelle, pour saupoudrer		
Œufs	**3**	**3**
Crème sûre	**1 tasse**	**250 mL**
Sucre granulé	^{1}/$_2$ **tasse**	**125 mL**
Jus de citron	^{1}/$_2$ **c. à thé**	**2 mL**
Vanille	^{1}/$_2$ **c. à thé**	**2 mL**
Sel	^{1}/$_8$ **c. à thé**	**0,5 mL**

Croûte - Mélanger la chapelure de biscuits Graham, le sucre et le beurre fondu dans un petit bol. En prélever 30 mL (2 c. à soupe) pour la garniture. Presser le reste dans un plat de 20 × 20 cm (8 × 8 po) non graissé.

Garniture - Faire fondre le beurre dans une poêle à frire. Ajouter les pommes et faire revenir 2 minutes. Couvrir. Mijoter à feu doux jusqu'à attendrir les pommes. Saupoudrer de cannelle. Laisser refroidir. Mettre dans la croûte.

Fouetter les œufs dans un bain-marie. Incorporer la crème sûre, le sucre, le jus de citron, la vanille et le sel. Couvrir et cuire, en remuant souvent, jusqu'à épaississement. Verser sur les pommes. Saupoudrer du mélange de croûte mis de côté. Réfrigérer au moins 2 ou 3 heures. Couper en 9 morceaux.

SALADE AUX ÉPINARDS ET AUX POMMES

Enchante le palais et la vue.

Feuilles d'épinards déchirées en bouchées, légèrement tassées	5 tasses	1,12 L
Tranches de bacon, croustillant, en petits morceaux	3	3
Jus d'orange concentré surgelé dégelé	2 c. à soupe	30 mL
Sauce à salade (ou mayonnaise)	3 c. à soupe	50 mL
Petite pomme rouge, non pelée, en quartiers, tranchée fin	1	1

Mélanger les épinards et le bacon dans un grand bol.

Mélanger le jus d'orange et la sauce à salade. Ajouter les tranches de pommes. Remuer pour couvrir les pommes de liquide pour éviter qu'elles ne brunissent.

Verser sur les épinards et le bacon. Mélanger. Pour 4 personnes.

POMMES FRITES

Un dessert rapide, cuit à la poêle, et facile à multiplier.

Pommes à cuire, moyennes (Golden Delicious ou McIntosh)	4	4
Jus de citron	2 c. à thé	10 mL
Beurre ou margarine	2 c. à soupe	30 mL
Cassonade	2 c. à soupe	30 mL
Beurre ou margarine	1 c. à soupe	15 mL
Chapelure de biscuits Graham	1/4 tasse	50 mL
Sucre granulé	1 c. à thé	5 mL

Peler les pommes, les couper en quartiers, puis couper chaque quartier en 3 tranches. Mêler au jus de citron, dans un grand bol. Bien mélanger pour couvrir les pommes.

Faire fondre la première quantité de beurre dans une poêle à frire. Ajouter la cassonade, puis les pommes, et couvrir. Cuire quelque 15 minutes, jusqu'à attendrir les pommes, en remuant à l'occasion. Répartir entre 4 bols.

Faire fondre la seconde quantité de beurre dans une petite casserole. Incorporer la chapelure de biscuits Graham et le sucre. En saupoudrer les pommes. Pour 4 personnes.

TOMATES AU FOUR

Il suffit d'assaisonner des tomates avec du persil et du basilic avant de les passer au four pour les découvrir de nouveau.

Tomates moyennes, en tranches de 12 mm (1/2 po)	7 ou 8	7 ou 8
Sel, pour saupoudrer		
Poivre, pour saupoudrer		
Beurre ou margarine	3 c. à soupe	50 mL
Chapelure de craquelins	3/4 tasse	175 mL
Flocons de persil	3/4 c. à thé	4 mL
Basilic	3/4 c. à thé	4 mL

Couvrir le fond d'un plat à cuisson graissé de tranches de tomates. Poivrer et saler.

Faire fondre le beurre dans une petite casserole. Incorporer la chapelure, le persil et le basilic. En saupoudrer les tomates. Cuire au four à 180 °C (350 °F) quelque 20 minutes, jusqu'à ce qu'elles soient légèrement dorées. Ne pas congeler. Pour 6 à 8 personnes.

Photo à la page 53.

POUDING AU RIZ

Un pouding qui se fait pratiquement tout seul.

Lait	4 tasses	1 L
Riz à grains courts	1/2 tasse	125 mL
Sucre granulé	3 c. à soupe	50 mL
Raisins secs	1/3 tasse	75 mL
Vanille	1 c. à thé	5 mL
Sel	1/2 c. à thé	2 mL
Cannelle (facultatif mais bon)	1/4 c. à thé	1 mL

Mélanger tous les ingrédients dans un plat de 20 cm (8 po). L'ajout de cannelle donne un bon goût au pouding, quitte à le colorer légèrement. Cuire au four à 180 °C (350 °F) pendant environ 1 1/2 heure, jusqu'à ce que le riz soit léger et le pouding, crémeux. Délayer la peau en remuant au moins 2 fois pendant la cuisson. Toutefois, laisser la peau pour la fin de la cuisson. Servir tiède, avec ou sans la crème. Les restes peuvent être mangés froids. Pour 6 à 8 personnes.

TARTE AU CHOCOLAT

Une onctueuse garniture de guimauve et de chocolat, dans croûte de chapelure. Un vrai péché!

CROÛTE

Beurre ou margarine	$^1/_3$ tasse	60 mL
Chapelure de biscuits Graham	$1^1/_4$ tasse	275 mL
Sucre granulé	2 c. à soupe	30 mL

GARNITURE

Lait	$^1/_2$ tasse	125 mL
Grosses guimauves	16	16
Brisures de chocolat mi-sucré	$^2/_3$ tasse	150 mL
Crème à fouetter (ou 1 sachet de garniture à dessert)	1 tasse	250 mL
Chapelure réservée	$^1/_4$ tasse	50 mL
Noix de Grenoble ou pacanes hachées	$^1/_4$ tasse	50 mL

Croûte - Faire fondre le beurre dans une casserole. Ajouter la chapelure et le sucre. Bien mélanger. En prélever 50 mL ($^1/_4$ tasse) pour la garniture. Presser le reste du mélange dans un moule de 22 cm (9 po).

Garniture - Mettre le lait, les guimauves et les brisures de chocolat dans une grande casserole à fond épais. Faire fondre à feu doux en remuant souvent, jusqu'à ce que le mélange soit lisse. Laisser refroidir.

Dans un autre bol, fouetter la crème jusqu'à ce qu'elle soit ferme. Incorporer, en pliant, au mélange de chocolat refroidi. Verser dans la croûte. Égaliser le dessus.

Mêler le mélange de croûte mis de côté et les noix. En saupoudrer la tarte. Réfrigérer. Couper en 6 pointes.

COMPOTE DE FRUITS

Un petit à-côté chaud et coloré qui va bien avec une quiche.

Salade ou cocktail de fruits en conserve, égoutté	14 oz	398 mL
Abricots en conserve, égouttés dénoyautés, en quartiers	14 oz	398 mL
Cerises au marasquin, entières ou en moitiés	8	8
Cassonade, tassée	$^1/_2$ tasse	125 mL
Beurre ou margarine	$^1/_4$ tasse	60 mL
Poudre de curry	$^1/_2$ c. à thé	2 mL

(suite...)

Mettre les fruits dans un plat d'une contenance de 1 L (1 pte).

Mélanger le sucre, le beurre et le curry dans une petite casserole, à feu moyen. Remuer pour faire fondre le beurre. Verser le mélange sur les fruits. Cuire au four, à découvert, à 180 °C (350 °F), quelque 20 minutes, jusqu'à ce que la compote soit chaude. Servir chaud, avec une écumoire. Pour 4 personnes.

GÂTEAU AU FROMAGE SANS CUISSON

Ce gâteau sans cuisson a pratiquement la même consistance qu'un gâteau au fromage cuit. Y ajouter la garniture de son choix.

CROÛTE

Beurre ou margarine	$1/3$ tasse	75 mL
Chapelure de biscuits Graham	$1^{1}/_4$ tasse	275 mL
Sucre granulé	2 c. à soupe	30 mL

GARNITURE

Gélatine sans saveur	$1 \times 1/4$ oz	1×7 g
Eau	$7/8$ tasse	200 mL
Fromage à la crème, ramolli	2×8 oz	2×250 g
Sucre granulé	1 tasse	250 mL
Jus de citron	2 c. à soupe	30 mL
Vanille	$1^{1}/_2$ c. à thé	7 mL
Garniture à tarte aux cerises, aux bleuets ou aux pêches ou fraises sucrées	19 oz	540 mL

Croûte - Faire fondre le beurre dans une casserole. Incorporer la chapelure de biscuits Graham et le sucre. Presser dans un moule à fond amovible de 20 cm (8 po) ou dans un moule de 20 × 20 cm (8 × 8 po) non graissé.

Garniture - Faire gonfler la gélatine sur l'eau dans une casserole pendant 5 minutes. Faire chauffer et remuer jusqu'à la dissoudre.

Fouetter le fromage à la crème, le sucre, le jus de citron et la vanille jusqu'à ce que le mélange soit lisse. Incorporer graduellement le mélange de gélatine. Verser le tout dans la croûte. Réfrigérer au moins 3 ou 4 heures.

Couper en pointes ou en carrés. Compléter avec sa garniture aux fruits préférée. Donne 8 à 12 pointes ou 9 carrés.

SALADES, SANDWICHES ET SOUPES

MENU UN
Salade de crevettes page 120
Pain au parmesan page 121
Gâteau aux pommes page 128
Sauce au citron page 128
Café Thé

MENU DEUX
Soupe de légumes page 122
Salade de poulet page 119
Petits pains au fromage page 117
Fruits nappés page 118
Café Thé

MENU TROIS
Crème de brocoli page 115
Craquelins
Pain grillé Casimir page 116
Carrés aux pommes page 129
Café Thé

MENU QUATRE
Soupe de crevettes page 115
Craquelins
Sandwich de poulet et
courgettes page 127
Mousseline d'abricots page 116
Café Thé

MENU CINQ
Soupe exotique page 120
Craquelins
Sandwich de crevettes page 123
Cornichons gherkins
Soufflé aux bleuets page 118
Café Thé

MENU SIX
Soupe au poulet page 124
Craquelins
Salade au parmesan page 122
Pain à l'ail page 117
Entremets glacé aux pommes page 128
Biscuits secs au gingembre page 121
Café Thé

CRÈME DE BROCOLI

Une méthode simple pour faire de la soupe de brocoli - il suffit d'avoir du brocoli surgelé sous la main.

Brocoli surgelé, haché	10 oz	250 g
Eau bouillante salée		
Lait	2 tasses	500 mL
Crème de champignons condensée	10 oz	284 mL
Beurre ou margarine	1 c. à soupe	15 mL
Sel	1 c. à thé	5 mL
Poivre	$1/8$ c. à thé	0,5 mL
Estragon	$1/8$ c. à thé	0,5 mL
Farine tout usage	3 c. à soupe	50 mL
Eau	6 c. à soupe	100 mL

Attendrir le brocoli dans l'eau bouillante salée. Égoutter.

Ajouter les 6 prochains ingrédients. Chauffer et remuer jusqu'à ce que les ingrédients soient bien mélangés. Poursuivre la cuisson, en remuant à l'occasion, jusqu'à ce que le mélange soit bien chaud. Poivrer et saler, au goût.

Dans un bol, fouetter l'eau et la farine jusqu'à obtenir un mélange lisse. Incorporer à la soupe bouillante et remuer jusqu'à nouvelle ébullition et épaississement. Se congèle bien. Pour 4 personnes, à raison de portions de 250 mL (1 tasse).

Photo à la page 125.

SOUPE DE CREVETTES

Une élégante façon d'entamer le dîner. Se congèle bien.

Beurre ou margarine	3 c. à soupe	50 mL
Farine tout usage	3 c. à soupe	50 mL
Sel	$1/2$ c. à thé	2 mL
Poivre	$1/8$ c. à thé	0,5 mL
Lait	3 tasses	750 mL
Maïs en crème en conserve	$1/2$ tasse	125 mL
Crevettes, petites ou en morceaux	4 oz	113 g
rincées et égouttées		
Ciboulette hachée	1 c. à thé	5 mL

Faire fondre le beurre dans une poêle à frire. Incorporer la farine, le sel et le poivre. Ajouter le lait, en remuant, jusqu'à ébullition et épaississement.

Ajouter les autres ingrédients. Porter à ébullition. Pour 4 personnes.

MOUSSELINE D'ABRICOTS

Délicat et mousseux.

Abricots en conserve dans leur jus, passés au hachoir ou au pressoir	14 oz	398 mL
Sucre granulé	1/3 tasse	75 mL
Farine tout usage	2 c. à soupe	30 mL
Jaunes d'œufs	2	2
Eau	3 c. à soupe	50 mL
Jus de citron	2 c. à thé	10 mL
Vanille	1/2 c. à thé	2 mL
Blancs d'œufs, à la température de la pièce	2	2

Porter la purée d'abricots à ébullition à feu moyen.

Mélanger les 6 prochains ingrédients. Incorporer à la purée d'abricots en ébullition. Remuer jusqu'à nouvelle ébullition et épaississement. Retirer du feu.

Fouetter les blancs d'œufs en neige ferme. Incorporer, en pliant, au mélange chaud. Verser dans un plat de service, ou directement dans des coupes à sorbet. Réfrigérer. Servir accompagné de crème et de biscuits secs au gingembre (page 121). Pour 4 personnes.

PAIN GRILLÉ CASIMIR

Différent, subtilement épicé.

Beurre ou margarine	2 1/3 c. à soupe	35 mL
Farine tout usage	2 1/3 c. à soupe	35 mL
Sel	1 1/2 c. à thé	7 mL
Poivre	1/4 c. à thé	1 mL
Poudre de curry	3/4 c. à thé	4 mL
Lait	3 tasses	700 mL
Sauce à salade (ou mayonnaise)	3/4 tasse	175 mL
Poivron rouge en lanières	1/4 tasse	60 mL
Raisins de Corinthe (ou raisins secs hachés)	3 c. à soupe	50 mL
Banane avec extrémités vertes, coupée en deux sur la longueur et tranchée	1 1/2	1 1/2
Poulet ou dinde haché	3 tasses	700 mL
Tranches de pain, grillées et beurrées	8	8

(suite...)

Faire fondre le beurre dans une grande casserole. Incorporer la farine, le sel, le poivre et le curry, puis le lait, en remuant, jusqu'à ébullition et épaississement.

Ajouter la sauce à salade et remuer. Ajouter les 4 prochains ingrédients. Bien mélanger et réchauffer.

Placer 1 tranche de pain entière sur chaque assiette, de façon à ce qu'elle pointe vers le bas. Couper les 4 autres tranches sur la diagonale. En mettre 2 moitiés sur chaque assiette, de sorte que le côté le plus long donne contre les pointes de la tartine entière, à gauche et à droite. Mettre le mélange de poulet sur la tranche centrale. Pour 4 personnes.

PETITS PAINS AU FROMAGE

Ces petits biscuits améliorent toujours un repas.

Farine tout usage	**2 tasses**	**450 mL**
Poudre à pâte	**4 c. à thé**	**20 mL**
Sel	**$1/2$ c. à thé**	**2 mL**
Beurre ou margarine	**$1/4$ tasse**	**60 mL**
Fromage cheddar fort, râpé	**1 tasse**	**225 mL**
Lait	**$3/4$ tasse**	**175 mL**

Mettre la farine, la poudre à pâte, le sel et le beurre dans un bol. Couper le beurre jusqu'à consistance granuleuse.

Ajouter le fromage et le lait. Mélanger jusqu'à obtenir une boule de pâte douce. Ajouter du lait au besoin. Pétrir 8 à 10 fois sur une surface légèrement enfarinée. Abaisser jusqu'à 2 cm ($3/4$ po) d'épaisseur. Couper avec un emporte-pièce de 4,5 cm ($1^3/4$ po) de diamètre. Placer sur une tôle à biscuits non graissée. Cuire au four à 220 °C (425 °F) 12 à 15 minutes jusqu'à ce que les petits pains soient gonflés et dorés. Se congèlent bien. Donne environ 16 pains.

PAIN À L'AIL

Une méthode simple de faire du pain à l'ail.

Pain français, tranches épaisses	**4 à 8**	**4 à 8**
Beurre ou margarine, ramolli		
Sel ou poudre d'ail		

Disposer le pain sur une tôle à biscuits. Passer sous la rampe du gril jusqu'à ce qu'il soit doré. Le retourner.

Beurrer le côté non grillé. Saupoudrer de sel d'ail. Passer un couteau sur la surface pour incorporer le sel d'ail au beurre. Passer sous la rampe du four jusqu'à ce que le pain soit bien doré. Pour 4 personnes.

FRUITS NAPPÉS

Un dessert léger et incontestablement délicieux.

TREMPETTE POUR LES FRUITS

Fromage à la crème, ramolli	8 oz	250 mL
Garniture à la guimauve	1/2 tasse	125 mL
Jus d'orange concentré surgelé	2 c. à thé	10 mL
Zeste d'orange râpé	1 c. à thé	5 mL

Pommes tranchées
Quartiers d'orange
Kiwi tranchés
Raisins sans pépins
Banane tranchée
Cantaloup façonné en boules ou coupé en morceaux
Melon miel façonné en boules ou coupé en morceaux
Bleuets
Framboises
Fraises

Trempette - Mélanger les 4 premiers ingrédients dans un bol. Fouetter jusqu'à consistance lisse. Donne 250 mL (1 tasse).

Disposer les fruits autour de la trempette sur un plateau ou sur 6 assiettes séparées et faire passer la trempette. Pour 4 à 6 personnes.

Photo à la page 17.

SOUFFLÉ AUX BLEUETS

Un merveilleux dessert. La consistance du soufflé met en valeur les bleuets. À essayer.

Bleuets, frais ou surgelés	1 tasse	250 mL
Sucre granulé	1/3 tasse	75 mL
Beurre ou margarine	3 c. à soupe	50 mL
Farine tout usage	6 c. à soupe	100 mL
Lait	1 1/4 tasse	275 mL
Sucre granulé	3 c. à soupe	50 mL
Zeste de citron râpé	1/2	1/2
Jus d'un citron	1	1
Jaunes d'œufs	3	3
Blancs d'œufs, à la température de la pièce	3	3

(suite...)

Verser les bleuets dans un récipient d'une contenance de 2,5 L (2 pte). Saupoudrer de la première quantité de sucre.

Faire fondre le beurre dans une casserole. Incorporer la farine. Faire cuire 1 minute.

Incorporer le lait en remuant, jusqu'à ébullition et épaississement.

Ajouter la seconde quantité de sucre, la moitié du zeste de citron et le jus d'un citron entier. Mélanger. Retirer du feu.

Incorporer rapidement les jaunes d'œufs.

Fouetter les blancs d'œufs en neige ferme. Incorporer au mélange de citron en pliant. Verser sur les bleuets. Cuire au four à 180 °C (350 °F) 35 à 40 minutes jusqu'à ce que le soufflé soit ferme et doré. Pour 4 personnes.

SALADE DE POULET

Rendue croquante par les amandes, fruitée par l'ananas et un peu salée par les olives. Le résultat? Incomparable!

Poulet cuit, en bouchées	3 tasses	750 mL
Céleri tranché fin	1 tasse	250 mL
Amandes tranchées, grillées au four à 180 °C (350 °F) quelque 5 minutes	1/2 tasse	125 mL
Morceaux d'ananas, égouttés, coupés en plus petits morceaux	14 oz	398 mL
Olives noires ou fourrées aux piments	1/2 tasse	125 mL

VINAIGRETTE

Sauce à salade (ou mayonnaise)	1 tasse	250 mL
Poudre de curry	1/2 c. à thé	2 mL
Vinaigre	2 c. à thé	10 mL
Lait	2 c. à soupe	30 mL
Sucre granulé	1 c. à thé	5 mL
Tête de laitue coupée, légèrement tassée ou laitue frisée en couches	8 tasses	1,8 L

Mêler les 5 premiers ingrédients dans un bol.

Vinaigrette - Mélanger les 5 premiers ingrédients dans un petit bol.

Mettre la laitue dans un grand bol. Y ajouter jusqu'à la moitié de la vinaigrette et mélanger. Répartir dans 4 assiettes. Ajouter le reste de la vinaigrette au mélange de poulet et mélanger. Mettre dans les assiettes, sur la laitue. Pour 4 personnes.

Photo sur la couverture.

SALADE DE CREVETTES

La sauce au fromage bleu est excellente, mais n'importe quelle autre convient également.

SAUCE AU FROMAGE BLEU

Fromage bleu, émietté, utiliser la partie la plus blanche	2 c. à soupe	30 mL
Sauce à salade (ou mayonnaise)	1/2 tasse	125 mL
Crème sûre	1/4 tasse	60 mL
Vinaigre	1 1/2 c. à thé	7 mL
Poudre d'oignon	1/4 c. à thé	1 mL
Poudre d'ail	1/4 c. à thé	1 mL

SALADE

Laitue croustillante, déchirée	8 tasses	1,8 L
Sauce au fromage bleu	1/4 tasse	50 mL
Laitue croustillante, déchirée petit	4 tasses	1 L
Champignons frais, tranchés	1/2 lb	250 g
Petites crevettes cuites	1/2 lb	250 g
Sauce au fromage bleu	1/4 tasse	50 mL

Sauce au fromage bleu - Passer tous les ingrédients au malaxeur jusqu'à obtenir un mélange lisse.

Salade - Mettre les premières quantités de laitue et de sauce au fromage bleu dans un grand bol. Mélanger. Ajouter de la sauce au besoin. Répartir dans 4 grandes assiettes.

Mettre les 4 ingrédients suivants dans un bol. Ajouter de la sauce au besoin. Mélanger. Poser sur les assiettes, sur le lit de laitue. Pour 4 personnes.

Photo à la page 89.

SOUPE EXOTIQUE

Personne ne pourra deviner quel est l'ingrédient secret de cette soupe que l'on peut servir, justement, avec ou sans le curry.

Crème d'asperges condensée	10 oz	284 mL
Crème de poulet condensée	10 oz	284 mL
Consommé de bœuf en conserve	10 oz	284 mL
Crème sûre	1 tasse	250 mL
Poudre de curry	1/4 c. à thé	1 mL

Ciboulette hachée pour garniture

(suite...)

Passer les 5 premiers ingrédients au malaxeur. Verser dans une casserole. Chauffer à feu moyen jusqu'à ce que la soupe soit très chaude.

Saupoudrer de ciboulette. Donne 1 L (4,5 tasses). Pour 4 personnes.

BISCUITS SECS AU GINGEMBRE

Ils sont délicieux!

Cassonade, tassée	1 tasse	250 mL
Beurre ou margarine	1 tasse	250 mL
Mélasse	1 tasse	250 mL
Farine tout usage	4$\frac{1}{4}$ **tasses**	1 L
Gingembre	1 c. à soupe	15 mL
Sel	1 c. à thé	5 mL
Bicarbonate de soude	1 c. à thé	5 mL
Eau chaude	2 c. à soupe	30 mL
Vinaigre	1 c. à soupe	15 mL
Œufs	1	1
Sucre granulé		

Mettre la cassonade, le beurre et la mélasse dans une grande casserole. Remuer et porter à ébullition. Retirer du feu et laisser refroidir.

Ajouter la farine, le gingembre et le sel. Bien mélanger.

Dissoudre le bicarbonate de soude dans l'eau chaude. Incorporer à la pâte, ainsi que le vinaigre et l'œuf. Bien mélanger. Former la pâte en boules de 2,5 cm (1 po) de diamètre.

Rouler les boules dans du sucre granulé. Les placer sur une tôle à biscuits non graissée. Cuire au four à 180 °C (350 °F) quelque 15 minutes. Se congèlent bien. Donne environ 6 douzaines.

PAIN AU PARMESAN

Ce pain dore des deux côtés lorsqu'on le passe au four.

Beurre ou margarine, ramolli	$\frac{1}{3}$ **tasse**	75 mL
Fromage parmesan râpé	1$\frac{1}{3}$ **c. à soupe**	20 mL
Pain français, tranches d'un pouce (2,5 cm) d'épaisseur	4 à 8	4 à 8

Mélanger le beurre et le fromage jusqu'à obtenir un mélange lisse.

(suite...)

Placer le pain sur une tôle à biscuits non graissée. Étaler le mélange de fromage dessus. Cuire au four à 200 °C (400 °F) jusqu'à ce que le pain soit doré, quelque 10 minutes. Pour 4 personnes, 1 ou 2 tranches chacune.

Photo à la page 125.

SOUPE DE LÉGUMES

Elle regorge de légumes.

Pommes de terre en dés ou en cubes	2 tasses	500 mL
Oignon haché	1 tasse	250 mL
Chou haché, tassé	1 tasse	250 mL
Carotte tranchée fin	$^1/_2$ tasse	125 mL
Navet en dés	$^1/_4$ tasse	50 mL
Panais en dés	$^1/_4$ tasse	50 mL
Eau	2 tasses	500 mL
Flocons de persil	2 c. à thé	10 mL
Jus de légumes (V8 par exemple)	2 tasses	500 mL
Sel	1 c. à thé	5 mL
Poivre	$^1/_4$ c. à thé	1 mL

Mélanger les 8 premiers ingrédients dans une casserole, à feu moyen. Porter à ébullition. Mijoter jusqu'à attendrir les légumes, quelque 30 minutes.

Ajouter le jus de légumes, le sel et le poivre. Chauffer complètement. Goûter pour vérifier l'assaisonnement. Se congèle bien. Pour 4 personnes.

Photo à la page 125.

SALADE AU PARMESAN

Salade d'épinards rehaussée d'une sauce au parmesan. Un délice crémeux.

SAUCE AU PARMESAN

Sauce à salade (ou mayonnaise)	$^1/_3$ tasse	75 mL
Fromage parmesan râpé	3 c. à soupe	50 mL
Jus de citron	2 c. à thé	10 mL
Flocons de persil	$^1/_2$ c. à thé	2 mL
Basilic	$^1/_4$ c. à thé	1 mL
Lait	4 c. à thé	20 mL

SALADE

Feuilles d'épinards ou de laitue romaine, coupées ou déchirée en bouchées, légèrement tassées	5 tasses	1,12 L
Oignon vert, tranché fin	1	1

(suite...)

Concombre pelé et coupé en dés	½ tasse	125 mL

Sauce au parmesan - Mélanger les 6 ingrédients dans un bol.

Salade - Mettre les épinards ou les feuilles de romaine, l'oignon et le concombre dans un grand bol. Ajouter la vinaigrette et mélanger. Pour 4 personnes.

SANDWICH DE CREVETTES

Que d'élégance - et tant de crevettes!

Fromage à la crème, ramolli	4 oz	125 g
Avocat mûr, pelé et écrasé	1	1
Jus de citron	1 c. à thé	5 mL
Sel	¼ c. à thé	1 mL
Poivre, pour saupoudrer légèrement		
Poudre d'ail	⅛ c. à thé	0,5 mL
Sauce à salade (ou mayonnaise)	½ tasse	125 mL
Lait	2 c. à soupe	30 mL
Jus de citron	2 c. à thé	10 mL
Aneth	¼ c. à thé	1 mL
Petites crevettes cuites	1 lb	454 g
Tranches de pain, grillées et beurrées	8	8
Laitue déchirée, légèrement tassée	2 tasses	500 mL
Tomates cerises, coupées en deux	4	4
Tiges d'aneth, pour garnir	4	4

Mélanger les 6 premiers ingrédients dans un bol jusqu'à consistance lisse. Mettre de côté.

Dans un bol, combiner la sauce à salade, le lait, le jus de citron et l'aneth.

Incorporer les crevettes, bien mélanger.

Placer 1 tranche de pain entière sur chaque grande assiette, de façon à ce qu'elle pointe vers le bas. Couper les 4 autres tranches sur la diagonale. En mettre 2 moitiés sur chaque assiette, de sorte que le côté le plus long donne contre les pointes de la tartine entière, à gauche et à droite.

Couvrir la tranche entière de laitue. Déposer le mélange d'avocat sur la laitue, en laissant les côtés paraître.

Mettre les crevettes sur l'avocat.

Poser une moitié de tomate au haut et au bas de l'assiette. Décorer avec une tige d'aneth. Pour 4 personnes.

SOUPE AU POULET

À condition d'avoir du poulet au congélateur, cette soupe se prépare en un rien de temps.

Morceaux de poulet, sans peau	1 lb	500 g
Eau	6 tasses	1,5 L
Sel	1 c. à thé	5 mL
Poivre	¼ c. à thé	1 mL
Feuille de laurier	1	1
Poireaux, partie blanche seulement	2	2
Pommes de terre moyennes, pelées et en dés	2	2
Carotte moyenne, râpée	1	1
Bouillon de poulet en poudre	1 c. à soupe	15 mL
Flocons de persil	1 c. à thé	5 mL

Mettre les morceaux de poulet, l'eau, le sel, le poivre et le laurier dans une grande casserole. Cuire quelque 30 minutes, jusqu'à attendrir le poulet. Retirer la feuille de laurier. Sortir le poulet et mettre le liquide de côté. Désosser le poulet, puis le hacher et le remettre avec le liquide, dans la casserole.

Trancher les poireaux. Les ajouter à la soupe. Ajouter ensuite les pommes de terre, les carottes, le bouillon en poudre et le persil. Laisser mijoter 20 à 30 minutes, sinon plus. Donne 1,8 L (8 tasses). Se congèle bien. Pour 4 personnes.

Photo sur la couverture.

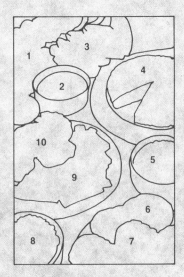

SANDWICH DE POULET ET COURGETTES

Un sandwich ouvert nappé d'une sauce aux poivrons rouges grillés.

Grosses poitrines de poulet, en moitiés, sans peau	2	2
Eau pour couvrir		
Sel	½ c. à thé	2 mL

SAUCE AUX POIVRONS

Poivrons rouges, grillés et pelés	2	2
Beurre ou margarine	6 c. à soupe	100 mL
Farine tout usage	2 c. à soupe	30 mL
Sel	¼ c. à thé	1 mL
Poivre	⅛ c. à thé	0,5 mL
Poivre de Cayenne	⅛ c. à thé	0,5 mL
Lait	1¼ tasse	275 mL
Beurre ou margarine		
Courgettes moyennes non pelées, en juliennes	2	2
Tranches de pain, grillées et beurrées	8	8

Cuire le poulet dans l'eau et la première quantité de sel jusqu'à l'attendrir. Égoutter. Laisser refroidir suffisamment pour pouvoir le manipuler. Arracher la viande de chaque moitié de poitrine en 1 morceau. Garder au chaud.

Sauce aux poivrons - Trancher les poivrons en moitiés, sur le sens de la longueur. Les épépiner. Passer sous la rampe du gril, côté peau exposé, quelque 10 minutes, jusqu'à ce que la peau soit carbonisée. Retourner les poivrons et les remettre au four encore 10 minutes, jusqu'à ce que les bords soient carbonisés. Éplucher et trancher.

Faire fondre la première quantité de beurre dans une casserole. Incorporer la farine, le sel, le poivre et le poivre de Cayenne. Ajouter le lait et remuer jusqu'à ébullition et épaississement. Retirer du feu. Ajouter les poivrons rouges. Passer au malaxeur jusqu'à obtenir un mélange lisse. Remettre dans la casserole pour garder au chaud.

Faire fondre la seconde quantité de beurre dans une poêle à frire. Ajouter les courgettes. Faire revenir environ 5 minutes.

Placer 1 tranche entière et 2 demies tranches sur chaque assiette. Couper chaque poitrine de poulet en deux épaisseurs. Si les poitrines sont trop petites, en faire cuire une de plus pour couvrir entièrement le pain. Mettre 2 couches sur la tranche de pain centrale. Napper le poulet de sauce aux poivrons. Couronner de courgettes. Pour 4 personnes.

Photo à la page 35.

GÂTEAU AUX POMMES

Nappé de sauce au citron, ce gâteau des plus moelleux ressemble à une pointe de tarte.

Œuf	1	1
Cassonade, tassée	³/₄ tasse	175 mL
Farine tout usage	¹/₂ tasse	125 mL
Poudre à pâte	1 c. à thé	5 mL
Sel	¹/₄ c. à thé	1 mL
Cannelle	¹/₄ c. à thé	1 mL
Pommes pelées, hachées	1¹/₂ tasse	350 mL
Noix de Grenoble hachées	¹/₃ tasse	75 mL

Fouetter l'œuf jusqu'à ce qu'il soit mousseux. Incorporer la cassonade. Ajouter la farine, la poudre à pâte, le sel et la cannelle. Mélanger pour humecter.

Ajouter les pommes et les noix. Mélanger. Verser le mélange dans un moule rond de 20 cm (8 po) ou dans un plat à tarte de 22 cm (9 po) graissé. Cuire au four à 180 °C (350 °F) 30 à 35 minutes jusqu'à ce qu'un cure-dents inséré au milieu du gâteau ressorte sec. Couper en pointes et napper de sauce au citron. Pour 6 personnes.

SAUCE AU CITRON

Sucre granulé	¹/₃ tasse	75 mL
Farine tout usage	4 c. à thé	20 mL
Sel	¹/₈ c. à thé	0,5 mL
Eau	1 tasse	225 mL
Jus de citron	2 c. à soupe	30 mL
Zeste de citron râpé	1 c. à thé	5 mL

Mettre le sucre, la farine et le sel dans une petite casserole. Bien mélanger.

Ajouter l'eau et mélanger encore. Ajouter le jus de citron et le zeste. Porter à ébullition en remuant. Donne 225 mL (1 tasse). Servir avec le gâteau aux pommes.

ENTREMETS GLACÉ AUX POMMES

Ce dessert glacé se fait en un tour de main. Pendant qu'il prend, on peut faire des biscuits secs au gingembre.

Compote de pommes	1 tasse	250 mL
Sucre granulé	6 c. à soupe	100 mL
Zeste de citron râpé	1 c. à thé	5 mL
Cannelle	¹/₄ c. à thé	1 mL

(suite...)

Crème à fouetter	1 tasse	250 mL

Dans un petit bol, mélanger la compote de pommes, le sucre, le zeste de citron et la cannelle. Bien mélanger.

Fouetter la crème jusqu'à ce qu'elle soit ferme. Incorporer le mélange de pommes dans la crème, en pliant. Verser dans un récipient peu profond et congeler. Servir dans des bols, accompagné de biscuits secs au gingembre (page 121) ou sur des tranches de gâteau blanc (page 82). Pour 4 personnes.

CARRÉS AUX POMMES

Les servir tièdes garnis de crème glacée. Les pommes sont nichées entre les couches de flocons d'avoine.

Beurre ou margarine	1/2 tasse	125 mL
Farine tout usage	1 tasse	250 mL
Flocons d'avoine	1 tasse	250 mL
Cassonade	1 tasse	250 mL
Sel	1/4 c. à thé	1 mL
Pommes à cuire, pelées, coupées (McIntosh par exemple)	3 tasses	750 mL
Sucre granulé	3/4 tasse	175 mL
Vanille	1 1/2 c. à thé	7 mL
Cannelle	1/4 c. à thé	1 mL
Eau	1 1/4 tasse	250 mL
Fécule de maïs	3 c. à soupe	50 mL
Eau	1/4 tasse	60 mL
Crème glacée		

Faire fondre le beurre dans une casserole moyenne. Retirer du feu. Incorporer la farine, les flocons d'avoine, la cassonade et le sel. Presser un peu plus de la moitié du mélange dans un moule de 22 × 22 cm (9 × 9 po) graissé.

Mélanger les pommes, le sucre granulé, la vanille, la cannelle et la première quantité d'eau dans une autre casserole. Porter à ébullition et cuire, en remuant à l'occasion, jusqu'à ce que les pommes soient tendres.

Mélanger la fécule de maïs avec le reste de l'eau, puis incorporer le tout dans les pommes. Porter à nouvelle ébullition et épaississement. Verser sur les flocons d'avoine. Saupoudrer avec le reste du mélange de croûte. Cuire au four à 180 °C (350 °F) 35 minutes, jusqu'à ce que les carrés soient dorés.

Couper en 9 carrés. Servir tièdes avec de la crème glacée.

POUR LES JEUNES

MENU UN

Saucisses en robes de pâte page 133
Salade Waldorf page 131
Croustillant aux pommes page 146
Crème glacée
Café Thé Lait

MENU DEUX

Macaroni et fromage page 138
Salade de chou au curry page 131
Pain grillé blanc page 136
Sandwich à la crème glacée page 140
Café Thé Lait

MENU TROIS

Fausse pizza page 137
Salade aux graines
de sésame page 140
Cornichons
Pouding au chocolat
crémeux page 147
Café Thé Lait

MENU QUATRE

Pain pizza page 132
Salade mélangée page 13
Blizzard de raisin page 149
Gâteau au blé soufflé page 150
Café Thé Lait

MENU CINQ

Saucisses à succès page 137
Nouilles au beurre page 133
Salade de fruits rapide page 138
Petits gâteaux façon brownie page 135
Crème glacée
Café Thé Lait

MENU SIX

Dîner de pitas page 133
Salade de chou et de pommes page 147
Croustillées page 136
Trempette à l'aneth page 136
Pouding à la vanille page 149
Café Thé Lait

MENU SEPT

Fricadelles de poisson page 139
Sauce tartare page 139
Salade du jardin page 146
Crème glacée
Sauce au beurre d'arachides page 142
Café Thé Lait

MENU HUIT

Hamburgers page 134
Frites page 145
Croustillées page 136
Trempette à l'aneth page 136
Cornichons
Pouding à la sauce au
chocolat page 141
Café Thé Lait

MENU NEUF

Poisson et frites page 145
Sauce tartare page 139
Charlotte aux pommes page 148
Café Thé Lait

SALADE WALDORF

Une bonne salade croquante, truffée de raisins secs et de noix.

Grosses pommes, pelées, en dés	2	2
Céleri haché	1/2 tasse	125 mL
Raisins de Corinthe ou raisins secs	1/4 tasse	50 mL
Noix de Grenoble hachées	1/3 tasse	75 mL
Sauce à salade (ou mayonnaise)	1/3 tasse	75 mL
Lait	1 c. à soupe	15 mL

Mélanger les 4 premiers ingrédients dans un bol.

Verser la sauce à salade dans une tasse à mesurer. Incorporer le lait. Verser sur la salade sur-le-champ et mélanger pour éviter que les pommes ne brunissent. Pour 4 personnes.

SALADE DE CHOU AU CURRY

Un soupçon de curry ajoute à cette salade de chou un petit quelque chose de fameux.

Chou râpé, tassé	3 tasses	750 mL
Carotte moyenne, râpée	1	1

SAUCE À SALADE

Sauce à salade (ou mayonnaise)	1/2 tasse	125 mL
Sucre granulé	1 1/2 c. à soupe	25 mL
Vinaigre	1 c. à soupe	15 mL
Flocons d'oignon déshydratés	2 c. à thé	10 mL
Graines de céleri	1/4 c. à thé	1 mL
Moutarde préparée	1/4 c. à thé	1 mL
Poudre de curry	1/8 c. à thé	0,5 mL

Mélanger chou et carotte dans un assez grand bol. Réfrigérer jusqu'au moment de servir.

Sauce à salade - Mélanger les 7 ingrédients dans un petit bol. Au moment de servir, verser la sauce sur la salade. Bien mélanger. Pour 4 personnes.

PAIN PIZZA

Un bon dîner rapide. Il suffit de couper un pain français en deux, d'étaler sur chaque moitié les ingrédients d'une pizza, puis de passer le tout au four.

Miche de pain français, coupée sur la longueur, beurrée	1	1
Pâte de tomates en conserve	$5^{1}/_{2}$ oz	156 mL
Fromage parmesan râpé	3 c. à soupe	50 mL
Basilic	$^{1}/_{2}$ c. à thé	2 mL
Origan	$^{1}/_{2}$ c. à thé	2 mL
Poudre d'ail	$^{1}/_{4}$ c. à thé	1 mL
Fromage mozzarella, râpé	2 tasses	500 mL
Pepperoni tranché ou autre viande préparée	$1^{1}/_{4}$ tasse	300 mL
Champignons frais, tranchés	2 tasses	500 mL
Petit poivron vert, en dés	1	1
Fromage mozzarella, râpé	1 tasse	250 mL
Fromage cheddar mi-fort, râpé	$^{1}/_{2}$ tasse	125 mL

Placer le pain sur un plateau, côté beurré vers le haut. Passer sous la rampe du gril jusqu'à ce qu'il soit bien doré.

Mélanger les 5 ingrédients suivants dans un bol. Répandre le mélange sur le fromage.

Saupoudrer le pain de la première quantité de fromage, puis du pepperoni, des champignons et du poivron vert. Placer sur une tôle à biscuits.

Étaler le reste de mozzarella sur le pain, sur la longueur. Saupoudrer de fromage cheddar le milieu de chaque moitié de pain. Cuire au four à 230 °C (450 °F) jusqu'à ce que le tout soit bien chaud et le fromage ait fondu. Couper chaque moitié de pain sur la largeur, en morceaux de 5 à 8 cm (2 à 3 po) de long. Pour 4 personnes.

Photo sur la couverture.

NOUILLES AU BEURRE

De simples nouilles, rehaussées de beurre et de persil.

Nouilles aux œufs, moyennes	8 oz	250 g
Eau bouillante	2¹/₂ pte	3 L
Huile de cuisson	1 c. à soupe	15 mL
Sel	2 c. à thé	10 mL
Beurre ou margarine	2 c. à soupe	30 mL
Flocons de persil	1 c. à thé	5 mL

Cuire les nouilles dans l'eau bouillante, l'huile et le sel dans une grande casserole découverte pendant 5 à 7 minutes jusqu'à ce qu'elles soient tendres, mais fermes. Égoutter. Remettre dans la casserole.

Ajouter le beurre et le persil. Mélanger et servir. Pour 4 personnes.

SAUCISSES EN ROBES DE PÂTE

Des saucisses au petit goût bien grand!

Mélange à pâte à biscuits	2 tasses	500 mL
Eau froide	¹/₂ tasse	125 mL
Moutarde préparée (facultatif)	4 c. à thé	20 mL
Fromage cheddar mi-fort, râpé	1 tasse	250 mL
Saucisses	8	8

Mêler le mélange à pâte à biscuits et l'eau jusqu'à obtenir une boule de pâte douce. L'abaisser à 3 mm (¹/₈ po) sur une surface légèrement enfarinée. Couper en sections un peu plus longues que la saucisse, et assez large pour enrouler celle-ci.

Étaler une fine couche de moutarde sur la pâte. Répandre 30 mL (2 c. à soupe) de moutarde sur chaque morceau de pâte. Poser la saucisse d'un côté du morceau de pâte. Rouler la pâte et sceller le bord et les bouts. Placer sur une tôle à biscuits non graissée. Cuire au four à 220 °C (450 °F) quelque 15 minutes, jusqu'à ce que les bouchées soient bien dorées. Donne 8 bouchées.

DÎNER DE PITAS

Un sandwich consistant fait avec des restes de rôti de bœuf.

Laitue tranchée fin, légèrement tassée	4¹/₂ tasses	1 L
Rôti de bœuf cuit, émincé ou haché	3 tasses	700 mL
Fromage cheddar mi-fort, râpé	1¹/₂ tasse	350 mL
Tomates en dés	1¹/₂ tasse	350 mL

(suite...)

Sauce à salade (ou mayonnaise)	6 c. à soupe	100 mL
Raifort	3/4 c. à thé	4 mL
Moutarde préparée	3/4 c. à thé	4 mL
Poudre d'oignon	1/4 c. à thé	1 mL
Sel, pour saupoudrer		
Poivre, pour saupoudrer		
Pains pitas, coupés en moitiés sur la largeur	4	4

Mettre la laitue, la viande, le fromage et les tomates dans un bol. Ajouter du fromage, au goût.

Mélanger la sauce à salade, le raifort, la moutarde, la poudre d'oignon, le sel et le poivre dans un petit bol. Verser sur le mélange de viande. Mélanger.

Ouvrir un pita sur un côté coupé, en ayant soin de ne pas le déchirer. Remplir les 8 moitiés de pitas avec le mélange de viande. Pour 4 personnes.

HAMBURGERS

Toujours bien accueillis!

Beurre ou margarine	2 c. à soupe	30 mL
Oignon haché fin	3/4 tasse	175 mL
Bœuf haché	1 1/2 lb	700 g
Chapelure	1/2 tasse	125 mL
Eau	1/4 tasse	50 mL
Sel	1 1/2 c. à thé	7 mL
Poivre	1/4 c. à thé	1 mL
Huile de cuisson	1 c. à soupe	15 mL
Pains à hamburger, tranchés, beurrés	8	8
Feuilles de laitue	8	8
Tranches de tomates	8	8

Faire fondre le beurre dans une poêle à frire. Ajouter l'oignon et faire revenir jusqu'à attendrir. Verser dans un bol.

Ajouter le bœuf, la chapelure, l'eau, le sel et le poivre. Mélanger. Façonner 8 fricadelles.

Faire chauffer l'huile dans une poêle à frire. Bien cuire la viande, la dorant des deux côtés.

Placer une galette de viande sur chaque petit pain. Y ajouter une feuille de laitue et une tranche de tomate. Servir avec les condiments de rigueur (relish, ketchup, fromage, cornichons, etc.). Donne 8 hamburgers, pour 4 personnes.

Photo à la page 143.

PETITS GÂTEAUX FACON BROWNIE

Une célèbre friandise qui se mange avec les doigts. On peut toujours les servir avec de la crème glacée pour faire un dessert plus consistant. Se congèlent bien sans glaçage.

Carrés de chocolat mi-sucré	2 × 1 oz	2 × 28 g
Beurre ou margarine	1/2 tasse	125 mL
Cassonade, tassée	1¹/2 tasse	350 mL
Farine tout usage	1 tasse	250 mL
Œufs, légèrement battus	2	2
Vanille	1 c. à thé	5 mL
Pacanes ou noix de Grenoble hachées	1/2 tasse	125 mL
Sel	1/4 c. à thé	1 mL

Faire fondre le chocolat et le beurre dans une grande casserole, à feu doux. Remuer souvent pour faire fondre plus vite. Retirer du feu.

Ajouter les autres ingrédients. Remuer assez pour humecter. Placer le mélange dans un moule à muffins garni de papiers, remplissant ceux-ci à moitié. Cuire au four à 180 °C (350 °F) 20 à 25 minutes ou jusqu'à ce qu'un cure-dents inséré au milieu ressorte sec. Servir tel quel ou laisser refroidir et glacer. Donne environ 12 petits gâteaux.

GLAÇAGE AU CHOCOLAT

Beurre ou margarine, ramolli	3 c. à soupe	50 mL
Sucre à glacer	1¹/2 tasse	375 mL
Cacao	1/3 tasse	75 mL
Eau, lait ou café	2 c. à soupe	30 mL

Fouetter les 4 ingrédients ensemble, ajoutant du sucre à glacer ou de l'eau jusqu'à obtenir une consistance qui s'étale bien. Glacer les petits gâteaux.

Photo à la page 143.

CROUSTILLÉES

De quoi grignoter au dîner.

Tomates cerises
Carottes, en juliennes
Céleri, en juliennes
Tranches de concombre
Radis
Bouquets de chou-fleur
Bouquets de brocoli
Maïs miniature en conserve, égoutté
Champignons
Poivron verts, rouges et jaunes coupés en lanières

Placer les légumes sur un plateau. Les servir avec la trempette à l'aneth (ci-après) pour en rehausser le goût.

TREMPETTE À L'ANETH

Mayonnaise	$^2/_3$ tasse	175 mL
Crème sûre	$^2/_3$ tasse	175 mL
Flocons d'oignon déshydratés	2 c. à thé	10 mL
Flocons de persil déshydratés	2 c. à thé	10 mL
Aneth	2 c. à thé	10 mL
Paprika	$^1/_4$ c. à thé	1 mL
Sel de céleri	$^1/_4$ c. à thé	1 mL

Mélanger les 7 ingrédients dans un petit bol. Servir comme trempette avec des légumes. Donne environ 350 mL (1$^1/_2$ tasse).

Photo à la page 143.

PAIN GRILLÉ BLANC

Pain grillé à la mode de Hong Kong.

Tranches de pain carrées, sans croûte	8	8

Placer les tranches de pain sur une tôle à biscuits. Cuire au four à 150 °C (300 °F) quelque 5 minutes. Retourner et cuire encore 2 minutes. Le pain devrait donner l'impression au toucher d'être grillé, tout en restant assez blanc. Couper en triangles sur la diagonale. Servir avec du beurre. Pour 4 personnes.

Simple et facile à faire. Un succès à tout coup!

Muffins anglais, coupés en deux	6	6
Sauce tomate	7¹/₂ oz	213 g
Basilic	¹/₄ c. à thé	1 mL
Origan	¹/₄ c. à thé	1 mL
Poudre d'oignon	¹/₄ c. à thé	1 mL
Flocons de persil	¹/₄ c. à thé	1 mL
Sel d'assaisonnement	¹/₂ c. à thé	2 mL
Fromage mozzarella, râpé	1 tasse	250 mL
Tomates cerises, tranchées	12	12
Petits champignons, tranchés	12	12
Bouchées de pepperoni, de jambon, de bacon ou de bologne	60	60
Fromage mozzarella, râpé	¹/₃ tasse	75 mL

Placer les moitiés de muffin sur un plateau.

Dans un petit bol, mélanger les 6 ingrédients suivants. Étaler le mélange sur les muffins.

Disposer les 4 ingrédients suivants, en couches successives et dans l'ordre donné, sur la sauce tomate.

Répandre le reste de fromage sur les muffins. Passer sous la rampe du gril jusqu'à ce que les muffins soient chauds et le fromage, fondu. Préparer des pizzas miniatures à l'avance et les conserver au congélateur. Pour 4 personnes, 3 pizzas chacune.

Photo à la page 143.

Un goût sans pareil, puisqu'elles cuisent dans une sauce aigre-douce.

Ketchup	¹/₂ tasse	125 mL
Jus d'orange (ou jus d'ananas)	¹/₂ tasse	125 mL
Sauce Worcestershire	¹/₂ à 1 c. à thé	2 à 5 mL
Fumée liquide, ordinaire	¹/₄ c. à thé	1 mL
Poudre d'oignon	¹/₄ c. à thé	1 mL
Saucisses	12	12

Dans une poêle assez grande pour contenir toutes les saucisses en une seule couche, mettre les 5 premiers ingrédients. Ajouter de la sauce Worcestershire au goût.

Ajouter les saucisses. Porter à ébullition. Laisser mijoter à feu doux, en retournant de temps en temps, jusqu'à ce que la sauce soit épaisse et colle aux saucisses. Pour 4 personnes.

MACARONI ET FROMAGE

Variation particulièrement veloutée d'un plat classique.

Macaroni	1¹/₂ tasse	350 mL
Eau bouillante	2¹/₂ pte	3 L
Huile de cuisson	1 c. à soupe	15 mL
Sel	2 c. à thé	10 mL
Beurre ou margarine	¹/₄ tasse	60 mL
Oignons hachés fin	3 c. à soupe	50 mL
Farine tout usage	3 c. à soupe	50 mL
Sel	¹/₂ c. à thé	2 mL
Poivre	¹/₈ c. à thé	0,5 mL
Lait	1²/₃ tasse	375 mL
Sauce à steak	¹/₂ c. à thé	2 mL
Moutarde préparée	¹/₂ c. à thé	2 mL
Fromage cheddar mi-fort, râpé, légèrement tassé	1¹/₂ tasse	350 mL

Cuire les nouilles dans l'eau bouillante, l'huile et la première quantité de sel dans une grande casserole découverte pendant 5 à 7 minutes jusqu'à ce qu'elles soient tendres, mais fermes. Égoutter.

Faire fondre le beurre dans une grande poêle à frire. Ajouter l'oignon et faire revenir jusqu'à attendrir.

Incorporer la farine et le reste du sel et du poivre. Ajouter le lait, en remuant, jusqu'à ébullition et épaississement.

Ajouter la sauce à steak, la moutarde et le fromage. Remuer pour faire fondre le fromage. Ajouter le macaroni. Verser le tout dans un plat d'une contenance de 2,5 L (2 pte). Cuire au four à découvert à 180 °C (350 °F) quelque 30 minutes jusqu'à ce que le mélange frémisse. Pour 4 personnes.

SALADE DE FRUITS RAPIDE

Un plat coloré et délicieux, qui n'est pas trop sucré.

Cocktail de fruits en conserve, égoutté	14 oz	398 mL
Petites guimauves	2¹/₂ tasses	625 mL
Noix de Grenoble hachées	¹/₄ tasse	50 mL
Crème sûre	1 tasse	250 mL
Feuilles de laitue	4	4
Cerises au marasquin	4	4

(suite...)

Mélanger les 4 premiers ingrédients dans un bol. Laisser reposer au moins 1 heure.

Disposer les feuilles de laitue dans 4 assiettes. Placer la salade sur ce lit de laitue. Décorer d'une cerise. Pour 4 personnes.

FRICADELLES DE POISSON

Fricadelles de saumon en conserve frites dans une casserole plutôt qu'une friteuse.

Beurre ou margarine	2 c. à thé	10 mL
Oignon haché	$1/3$ tasse	75 mL
Saumon en conserve, égoutté,	$7 1/2$ oz	213 g
sans peau ni cartilage		
Œuf	1	1
Chapelure	$1 1/2$ tasse	350 mL
Moutarde préparée	$1/2$ c. à thé	2 mL
Flocons de persil	$1/4$ c. à thé	1 mL
Sel	$1/4$ c. à thé	1 mL
Poivre, pour saupoudrer		
Chapelure de flocons de maïs	$1/4$ tasse	50 mL
Beurre ou margarine	2 c. à soupe	30 mL
SAUCE TARTARE		
Sauce à salade (ou mayonnaise)	2 c. à soupe	30 mL
Relish sucré	1 c. à thé	5 mL
Pains à hamburger, tranchés et beurrés	6	6

Faire fondre la première quantité de beurre dans une poêle à frire. Ajouter l'oignon et faire revenir jusqu'à attendrir et éclaircir. Retirer du feu.

Mélanger les 7 ingrédients suivants. Façonner 6 fricadelles. Si le mélange est trop sec, ajouter un œuf.

Passer les fricadelles dans la chapelure de flocons de maïs. Faire fondre la seconde quantité de beurre dans une poêle à frire. Ajouter les fricadelles de poisson. Dorer des deux côtés.

Sauce tartare - Mélanger la sauce à salade et le relish sucré.

Étaler la sauce tartare sur les petits pains beurrés. Déposer les fricadelles sur les petits pains. Pour 6 personnes.

Photo à la page 143.

SALADE AUX GRAINES DE SÉSAME

On ne peut manquer son coup en ajoutant des graines de sésame à une salade.

Laitue croustillante, hachée ou déchirée, légèrement tassée	5 tasses	1,12 L
Oignons verts, tranchés	2	2
Céleri tranché	1/2 tasse	125 mL
Graines de sésame grillées	3 c. à soupe	50 mL

VINAIGRETTE

Huile de cuisson	1 c. à soupe	15 mL
Vinaigre	1 c. à soupe	15 mL
Sucre granulé	1 c. à soupe	15 mL
Moutarde préparée	1/4 c. à thé	1 mL

Mélanger la laitue, l'oignon, le céleri et les graines de sésame dans un bol. Pour griller les graines de sésame, les passer au four à 180 °C (350 °F) quelque 5 minutes, les remuant une ou deux fois, jusqu'à ce qu'elles soient légèrement dorées. Réfrigérer la salade jusqu'au moment de servir.

Vinaigrette - Mélanger les 4 ingrédients ensemble jusqu'à ce que le sucre soit dissous. Au moment de servir, verser la vinaigrette sur la salade. Mélanger. Pour 4 personnes.

SANDWICH À LA CRÈME GLACÉE

De la crème glacée rose sur une croûte pralinée, nappée de sauce au chocolat.

FOND DE TARTE

Beurre ou margarine	1/2 tasse	125 mL
Cassonade, tassée	1/4 tasse	60 mL
Farine tout usage	1 tasse	250 mL
Noix de Grenoble hachées	1/3 tasse	75 mL

GARNITURE

Crème glacée aux fraises (carton rectangulaire)	1 pte	1 L

GLAÇAGE

Brisures de chocolat mi-sucré	1 tasse	250 mL
Vanille	1 c. à thé	5 mL
Sucre à glacer	1/2 tasse	125 mL
Sirop de maïs	1/4 tasse	60 mL
Lait	1/2 tasse	125 mL

(suite...)

Fond - Faire fondre le beurre dans une casserole. Incorporer le sucre, la farine et les noix. Étaler sur une tôle à biscuits. Cuire au four à 180 °C (350 °F) quelque 15 minutes, en remuant une ou deux fois pour que la croûte dore également. Laisser refroidir. Étaler les deux tiers du mélange au fond d'un plat de 20 × 20 cm (8 × 8 po).

Garniture - Placer des tranches de crème glacée, d'au moins 2,5 cm (1 po) d'épaisseur, sur le fond de miettes. Saupoudrer avec le reste des miettes. Congeler.

Glaçage au chocolat - Faire fondre les brisures de chocolat dans une casserole à fond épais, à feu doux. Remuer pour que le chocolat fonde plus vite. Ajouter la vanille, le sucre à glacer, le sirop de maïs et le lait. Battre à la cuillère. Servir chaud sur le sandwich à la crème glacée. Couper en 9 carrés.

POUDING À LA SAUCE AU CHOCOLAT

La sauce dans laquelle nage le gâteau cuit, ramenée sur le dessus à la cuillère, fait office de garniture.

Farine tout usage	3/4 **tasse**	**175 mL**
Sucre granulé	2/3 **tasse**	**150 mL**
Cacao	1 1/2 **c. à soupe**	**25 mL**
Poudre à pâte	1 1/2 **c. à thé**	**7 mL**
Sel	1/4 **c. à thé**	**1 mL**
Lait	1/3 **tasse**	**75 mL**
Beurre ou margarine, ramolli	1 1/2 **c. à soupe**	**25 mL**
Vanille	1 **c. à thé**	**5 mL**
Cassonade, tassée	3/4 **tasse**	**175 mL**
Cacao	3 **c. à soupe**	**50 mL**
Eau chaude	1 1/3 **tasse**	**300 mL**

Mélanger les 5 premiers ingrédients dans un bol. Remuer.

Ajouter le lait, le beurre et la vanille. Bien mélanger. Verser dans un plat d'une contenance de 2,5 L (2 pte). Égaliser.

Mélanger la cassonade et la seconde quantité de cacao. En saupoudrer le premier mélange.

Verser lentement l'eau chaude sur le tout. Ne pas mélanger. Cuire au four à 180 °C (350 °F) quelque 40 minutes. Pour 4 personnes, largement.

SAUCE AU BEURRE D'ARACHIDES

Quel délice avec de la crème glacée!

Sucre granulé	1 tasse	250 mL
Farine tout usage	$1/4$ tasse	60 mL
Lait	$3/4$ tasse	175 mL
Beurre d'arachides crémeux	$1/3$ tasse	75 mL
Sirop de maïs	1 c. à soupe	15 mL
Grosses cuillerées de crème glacée	4	4

Mettre le sucre et la farine dans une casserole. Bien mélanger.

Ajouter les 3 ingrédients suivants. Bien mélanger. Cuire à feu moyen, en remuant, jusqu'à ébullition. Retirer du feu. Laisser refroidir.

Mettre la crème glacée dans des assiettes. La napper de sauce. Donne 350 mL (1$1/2$ tasse) de sauce.

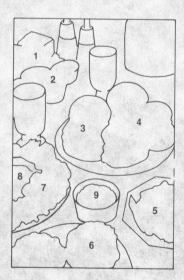

Des filets de poisson trempés dans des œufs battus et roulés dans de la chapelure pour obtenir une riche teinte dorée.

Filets de sole ou de morue, assez minces	1³/₄ lb	800 g
Œufs, battus	2	2
Chapelure fine	¹/₂ tasse	125 mL

Huile de friture

Couper les filets en petits morceaux. Les sécher dans des serviettes en papier.

Tremper les filets dans les œufs battus puis les rouler dans la chapelure. Ajouter un œuf au besoin.

Placer les filets dans l'huile chauffé à 180 °C (350 °F) et les y laisser quelque 3 minutes, jusqu'à ce que les deux côtés soient bien dorés. Garder au chaud au four, à 160 °C (325 °F) jusqu'à ce que tout le poisson soit cuit. Servir avec de la sauce tartare (page 139) et des quartiers de citron. Pour 4 personnes.

FRITES

Vieilles pommes de terre, pelées	4 ou 5	4 ou 5
Eau froide		

Huile de friture

Sel, pour saupoudrer

Couper les pommes de terre sur la longueur, en tranches d'environ 1 cm (¹/₃ po) d'épaisseur. Couper chaque tranche en lanières d'environ 1 cm (¹/₃ po) de large. Les placer dans un récipient et les couvrir d'eau froide. Laisser reposer 1 heure. Bien égoutter. Sécher avec un linge.

Placer des morceaux de pommes de terre dans un panier à friture. Abaisser la température de l'huile à 190 °C (375 °F) et cuire quelque 6 minutes, jusqu'à ce que les pommes de terre soient dorées et tendres. Laisser égoutter sur des serviettes en papier.

Saupoudrer de sel. Pour 4 personnes.

Photo à la page 143.

CROUSTILLANT AUX POMMES

Personne ne pourra résister à son odeur alléchante!

Pommes à cuire, pelées, coupées	4 tasses	1 L
Cassonade, tassée	1/2 tasse	125 mL
Cannelle, pour saupoudrer		
Eau	1/3 tasse	75 mL
GARNITURE		
Farine tout usage	1 1/2 tasse	350 mL
Sucre granulé	2 c. à soupe	30 mL
Poudre à pâte	1 c. à soupe	15 mL
Sel	1/2 c. à thé	2 mL
Beurre ou margarine	1/4 tasse	60 mL
Œuf, battu	1	1
Lait	6 c. à soupe	100 mL

Sucre granulé, pour saupoudrer

Empiler les pommes dans un plat d'une contenance de 2,5 L (2 pte). Étaler la cassonade sur le dessus. Saupoudrer de cannelle. Ajouter l'eau. Couvrir et cuire à 180 °C (350 °F) quelque 30 minutes jusqu'à ce que les pommes aient molli.

Garniture - Mélanger les 5 premiers ingrédients dans un bol. Remuer.

Incorporer l'œuf et le lait. Remuer pour humecter. Dresser en cuillerées sur les pommes. Augmenter la température du four à 220 °C (425 °F).

Saupoudrer de sucre. Cuire à découvert quelque 20 minutes, jusqu'à ce que le mélange ait levé et soit doré. Pour 4 personnes.

SALADE DU JARDIN

Une salade bonne à l'année longue. Bien croquante, elle renferme des graines de tournesol.

Laitue, coupée, légèrement tassée	4 tasses	1 L
Radis, tranchés	8	8
Carottes râpées, moyennes	1 ou 2	1 ou 2
Graines de tournesol	2 c. à soupe	30 mL
Vinaigrette italienne	1/4 tasse	50 mL

Mélanger la laitue, les radis, les carottes et les graines de tournesol dans un grand bol. Réfrigérer.

Au moment de servir, ajouter la vinaigrette. Bien mélanger. Pour 4 personnes.

SALADE DE CHOU ET DE POMMES

Pour ceux qui désirent un changement de goût.

Choucroute, égouttée	1¹/₂ tasse	375 mL
Céleri haché	¹/₂ tasse	125 mL
Oignon haché	¹/₃ tasse	75 mL
Grosse pomme, pelée, en dés	1	1
Poivron vert, haché	¹/₄ tasse	50 mL
Poivron rouge, haché	¹/₄ tasse	50 mL
Sucre granulé	¹/₂ tasse	125 mL
Vinaigre	¹/₄ tasse	50 mL

Mettre les 6 premiers ingrédients dans un bol.

Chauffer le sucre et le vinaigre dans une petite casserole jusqu'à ce que le sucre soit dissous. Laisser refroidir. Verser sur la salade. Mélanger. Laisser reposer une nuit. Pour 4 personnes.

Photo à la page 89.

POUDING AU CHOCOLAT CRÉMEUX

Un dessert facile à faire, qui contient des ingrédients communs.

Sachet de garniture à dessert	1	1
Lait, selon l'emballage	¹/₂ tasse	110 mL
Brisures de chocolat mi-sucré, fondues et refroidies	¹/₃ tasse	75 mL
Mélange instantané à pouding au chocolat, format 4 portions	1	1
Lait	2 tasses	450 mL

Mélanger la garniture à dessert, la première quantité de lait et les brisures de chocolat fondues dans un petit bol. Fouetter jusqu'à consistance ferme. Prélever 50 mL (¹/₄ tasse) du mélange pour la garniture.

Ajouter le mélange à pouding et le reste du lait. Mélanger, puis battre à haute vitesse pendant 2 minutes. Verser dans des coupes à sorbet ou à fruits. Garnir d'une cuillerée de crème fouettée. Pour 4 personnes, très largement.

CHARLOTTE AUX POMMES

Ce dessert est garni de morceaux de pain coupés en cœur. Il attire le regard.

Tranches de pain blanc, sans croûte	3	3
Tranches de pain blanc, pour les cœurs	3	3
Pommes à cuire, pelées, coupées fin	4	4
Sucre granulé	$^1/_2$ tasse	125 mL
Cannelle	$1^1/_2$ c. à thé	7 mL
Beurre ou margarine	2 c. à soupe	30 mL
Pain frais émietté provenant de tranches sans croûte (environ 4)	2 tasses	500 mL

SAUCE

Confiture d'abricots	$^1/_2$ tasse	125 mL
Jus de pomme, nectar d'abricots ou jus d'orange	$^1/_4$ tasse	50 mL

Graisser un plat à bords droits d'une contenance de 1,5 L (1 pte). Couper les 3 tranches de pain sans croûte en moitiés. En couvrir les bords du plat. Avec un emporte-pièce en forme de cœur, couper 5 cœurs de 6 cm ($2^3/_8$ po) de large, soit 2 par tranche, pour couvrir le fond du plat.

Mélanger le sucre et la cannelle dans un petit bol.

Assembler la charlotte comme indiqué ci-après :

1. Une pomme tranchée.
2. 30 mL (2 c. à soupe) du mélange sucre et cannelle.
3. 15 mL ($^1/_2$ c. à soupe) de beurre, en morceaux.
4. 125 mL ($^1/_2$ tasse) de chapelure.

Répéter ces étapes 3 fois. Cuire au four à 180 °C (350 °F) 1 heure à $1^1/_2$ heure, jusqu'à ce que les pommes soient tendres. Laisser reposer sur une grille 10 minutes. Détacher les côtés de la charlotte, sans l'abîmer. Couvrir le plat d'une assiette et retourner le tout pour démouler. Servir tiède.

Sauce - Pendant que le pouding cuit, mélanger la confiture et le jus de fruits dans une petite casserole. Chauffer la sauce. Servir le pouding et l'arroser d'un peu de sauce. Pour 4 personnes.

POUDING À LA VANILLE

Un pouding à base de lait.

Lait	3 tasses	700 mL
Sucre granulé	3/4 tasse	175 mL
Farine tout usage	6 c. à soupe	100 mL
Sel	1/2 c. à thé	2 mL
Œufs	2	2
Vanille	1 1/2 c. à thé	7 mL

Gelée de framboises, de cassis ou
   de mûres, ou framboises ou fraises
   dans leur jus (facultatif)

Porter le lait à ébullition dans une casserole à fond épais.

Mettre le sucre, la farine et le sel dans un bol. Mélanger.

Ajouter les œufs et la vanille. Battre à la cuillère. Incorporer au lait bouillant et remuer jusqu'à nouvelle ébullition et épaississement. Verser dans un bol. Pour servir froid, couvrir le pouding d'une pellicule de plastique, en ayant soin que celle-ci soit contre le pouding, pour éviter qu'une peau ne se forme.

Garnir de gelée (facultatif), ou de crème liquide ou fouettée. Pour 4 personnes.

BLIZZARD DE RAISIN

Si simple que les enfants n'ont aucune peine à s'en préparer.

Gélatine à saveur de raisin	3 oz	85 g
Sucre granulé	1/4 tasse	50 mL
Eau bouillante	1 tasse	225 mL
Eau froide	1 tasse	225 mL
Crème à fouetter (ou 1 sachet	1 tasse	250 mL
de garniture à dessert)		

Dissoudre la gélatine et le sucre dans l'eau bouillante, dans un bol moyen.

Ajouter l'eau froide. Réfrigérer jusqu'à consistance sirupeuse.

Fouetter la crème jusqu'à ce qu'elle soit ferme. Incorporer la gélatine, en pliant. Mettre le mélange dans des petits contenants de papier et geler. Pour 4 personnes.

GÂTEAU AU BLÉ SOUFFLÉ

Un délice au chocolat qui peut être accompagné de crème glacée ou de fruits.

Cassonade, tassée	1 tasse	250 mL
Miel	$^1/_2$ tasse	125 mL
Margarine	$^1/_2$ tasse	125 mL
Cacao	2 c. à soupe	30 mL
Vanille	$^1/_2$ c. à thé	2 mL
Blé soufflé	6 tasses	1,5 L
Céréales de riz croustillant	2 tasses	500 mL

Mélanger les 4 premiers ingrédients dans une casserole à fond épais. Porter à ébullition en remuant souvent. Laisser bouillir 5 à 8 minutes, jusqu'à ce qu'une petite cuillerée de mélange forme une boule malléable quand elle est plongée dans de l'eau bouillante ou que la température d'un thermomètre à confiserie indique que le stade de boule malléable est atteint.

Retirer du feu et incorporer la vanille.

Mettre le blé soufflé et le riz croustillant dans un grand bol graissé. Verser le mélange chaud sur les céréales. Bien mélanger. Presser dans un moule de 22 × 22 cm (9 × 9 po) graissé.

Photo à la page 143.

Dans le présent livre de cuisine, les mesures sont données dans les systèmes impérial et métrique. Pour compenser l'écart entre les deux systèmes créé quand les quantités sont arrondies, une pleine mesure métrique n'est pas toujours utilisée.

La tasse utilisée correspond aux huit onces liquides courantes. La température est donnée en degrés Fahrenheit et Celcius. Les dimensions des moules à cuisson sont en pouces et en centimètres ainsi qu'en pintes et en litres. Une table de conversion exacte, qui donne l'équivalence pratique (mesure courante), suit.

IMPÉRIAL	MÉTRIQUE	
	Conversion exacte	Mesure courante
Cuillerées	millilitre (mL)	millilitre (mL)
$1/4$ cuillerée à thé (c. à thé)	1,2 mL	1 mL
$1/2$ cuillerée à thé (c. à thé)	2,4 mL	2 mL
1 cuillerée à thé (c. à thé)	4,7 mL	5 mL
2 cuillerées à thé (c. à thé)	9,4 mL	10 mL
1 cuillerée à soupe (c. à soupe)	14,2 mL	15 mL
Tasses		
$1/4$ tasse (4 c. à soupe)	56,8 mL	50 mL
$1/3$ tasse ($5^{1}/_3$ c. à soupe)	75,6 mL	75 mL
$1/2$ tasse (8 c. à soupe)	113,7 mL	125 mL
$2/3$ tasse ($10^{2}/_3$ c. à soupe)	151,2 mL	150 mL
$3/4$ tasse (12 c. à soupe)	170,5 mL	175 mL
1 tasse (16 c. à soupe)	227,3 mL	250 mL
$4^{1}/_2$ tasses	984,8 mL	1 000 mL, 1 litre (1 L)
Onces (oz)	**Grammes (g)**	**Grammes (g)**
1 oz	28,3 g	30 g
2 oz	56,7 g	55 g
3 oz	85,0 g	85 g
4 oz	113,4 g	125 g
5 oz	141,7 g	140 g
6 oz	170,1 g	170 g
7 oz	198,4 g	200 g
8 oz	226,8 g	250 g
16 oz	453,6 g	500 g
32 oz	917,2 g	1 000 g, 1 kilogramme (1 kg)

MOULES, RÉCIPIENTS

Impérial	Métrique	Impérial	Métrique
8x8 po	20x20 cm	$1^{2}/_3$ pte	2 L
9x9 po	22x22 cm	2 pte	2,5 L
9x13 po	22x33 cm	$3^{1}/_3$ pte	4 L
10x15 po	25x38 cm	1 pte	1,2 L
11x17 po	28x43 cm	$1^{1}/_4$ pte	1,5 L
8x2 po (rond)	20x5 cm	$1^{2}/_3$ pte	2 L
9x2 po (rond)	22x5 cm	2 pte	2,5 L
10x4$^{1}/_2$ po (vacherin)	25x11 cm	$4^{1}/_4$ pte	5 L
8x4x3 po (pain)	20x10x7 cm	$1^{1}/_4$ pte	1,5 L
9x5x3 po (pain)	23x12x7 cm	$1^{2}/_3$ pte	2 L

TEMPÉRATURES DU FOUR

Fahrenheit (°F)	Celsius (°C)
175°	80°
200°	100°
225°	110°
250°	120°
275°	140°
300°	150°
325°	160°
350°	180°
375°	190°
400°	200°
425°	220°
450°	230°
475°	240°
500°	260°

INDEX

COMPANY'S COMING
PUBLISHING LIMITED
C.P. 8037, Succursale F
Edmonton (Alberta)
Canada T6H 4N9

ÉCONOMISEZ
5. 00$

Économisez 5 $

Commandez par la poste deux livres de cuisine au prix régulier et économisez 5 $ par commande sur un troisième livre

ANGLAIS		
TITRE (Couverture rigide à 17,95 $)	QUANTITÉ	MONTANT
JEAN PARÉ'S FAVORITES		
VOLUME ONE - 232 pages		
TITRES (Couverture souple à 10,95 $)		
150 DELICIOUS SQUARES		
CASSEROLES		
MUFFINS & MORE		
SALADS		
APPETIZERS		
DESSERTS		
SOUPS & SANDWICHES		
HOLIDAY ENTERTAINING		
COOKIES		
VEGETABLES		
MAIN COURSES		
PASTA		
CAKES		
BARBECUES		
DINNERS OF THE WORLD		
LUNCHES		
PIES (septembre 1992)		
TOTAL LIVRES ANGLAIS (ramener le total à la prochaine colonne)		$

FRANÇAIS		
TITRE (couverture souple 10,95 $)	QUANTITÉ	MONTANT
150 DÉLICIEUX CARRÉS		
LES CASSEROLES		
MUFFINS ET PLUS		
LES DÎNERS		
LES BARBECUES (mai 1992)		
LES TARTES (septembre 1992)		
DÉLICES DES FÊTES (octobre 1992)		
TOTAL LIVRES FRANÇAIS		

TOTAL DES LIVRES FRANÇAIS	$
TOTAL DES LIVRES ANGLAIS	$
TOTAL DE TOUS LES LIVRES	$
MOINS 5 $ pour le troisième livre de la commande	−
PLUS 1,50 $ PAR LIVRE frais de port et de manutention	+
SOUS-TOTAL	$
TPS au Canada seulement #R101075620	+
MONTANT TOTAL INCLUS	$

Veuillez envoyer les livres de cuisine à l'adresse inscrite au verso de ce bon de commande.

Prix susceptibles de changer sans préavis   *Pas de paiement sur livraison*

COMMANDES HORS CANADA : *Doivent être payées en fonds américains par chèque ou mandat tiré sur une banque canadienne ou américaine. Faire le chèque ou le mandat à COMPANY'S COMING PUBLISHING LIMITED.*

▼   CARTE CADEAU   ▼

 UN CADEAU POUR VOUS

LIVRES DE CUISINE

BEST SELLER NATIONAL

J'aimerais recevoir les livres de cuisine Jean Paré indiqués au verso de ce bon de commande.

NOM _____
(EN LETTRES MOULÉES S.V.P.)

RUE _____

VILLE _____

PROVINCE/ÉTAT _____ CODE POSTAL/ZIP _____

OFFREZ LE PLAISIR DE LA BONNE CHÈRE.

Laissez-nous vous offrir un cadeau! Nous expédierons des livres de cuisine directement aux destinataires de votre choix si vous nous donnez leurs noms et adresses. N'oubliez pas de préciser les titres des livres de cuisine que vous désirez envoyer à chaque personne.

Joignez une note ou une carte personnelle pour chaque cadeau ou utilisez notre pratique carte cadeau ci-dessous.

Les livres de cuisine Jean Paré sont de parfaits cadeaux pour marquer un anniversaires, une célébration, la Fête des mères, la Fête des pères, une graduation ou une autre occasion... Collectionnez-les tous!

N'oubliez pas de profiter de la remise de 5 dollars... Achetez deux livres de cuisine par la poste et épargnez 5 dollars sur le troisième livre commandé.

↓ CARTE CADEAU ↓

LIVRES DE CUISINE

COMPANY'S COMING
PUBLISHING LIMITED
C.P. 8037, Succursale F
Edmonton (Alberta)
Canada T6H 4N9

ÉCONOMISEZ
5. 00 $

Économisez 5 $

Commandez par la poste deux livres de cuisine au prix régulier et économisez 5 $ par commande sur un troisième livre

ANGLAIS		
TITRE (Couverture rigide à 17,95 $)	**QUANTITÉ**	**MONTANT**
JEAN PARÉ'S FAVORITES		
VOLUME ONE - 232 pages		
TITRES (Couverture souple à 10,95 $)		
150 DELICIOUS SQUARES		
CASSEROLES		
MUFFINS & MORE		
SALADS		
APPETIZERS		
DESSERTS		
SOUPS & SANDWICHES		
HOLIDAY ENTERTAINING		
COOKIES		
VEGETABLES		
MAIN COURSES		
PASTA		
CAKES		
BARBECUES		
DINNERS OF THE WORLD		
LUNCHES		
PIES (septembre 1992)		
TOTAL LIVRES ANGLAIS (ramener le total à la prochaine colonne)		$

FRANÇAIS		
TITRE (couverture souple 10,95 $)	**QUANTITÉ**	**MONTANT**
150 DÉLICIEUX CARRÉS		
LES CASSEROLES		
MUFFINS ET PLUS		
LES DÎNERS		
LES BARBECUES (mai 1992)		
LES TARTES (septembre 1992)		
DÉLICES DES FÊTES (octobre 1992)		
TOTAL LIVRES FRANÇAIS		

TOTAL DES LIVRES FRANÇAIS		$
TOTAL DES LIVRES ANGLAIS		$
TOTAL DE TOUS LES LIVRES		$
MOINS 5 $ pour le troisième livre de la commande		−
PLUS 1,50 $ **PAR LIVRE** frais de port et de manutention		+
SOUS-TOTAL		$
TPS au Canada seulement #R101075620		+
MONTANT TOTAL INCLUS		$

Veuillez envoyer les livres de cuisine à l'adresse inscrite au verso de ce bon de commande.

Prix susceptibles de changer sans préavis   *Pas de paiement sur livraison*

COMMANDES HORS CANADA : *Doivent être payées en fonds américains par chèque ou mandat tiré sur une banque canadienne ou américaine. Faire le chèque ou le mandat à COMPANY'S COMING PUBLISHING LIMITED.*

▼   CARTE CADEAU   ▼

- -

LIVRES DE CUISINE

UN CADEAU POUR VOUS

LIVRES DE CUISINE

BEST
SELLER
NATIONAL

J'aimerais recevoir les livres de cuisine Jean Paré indiqués au verso de ce bon de commande.

NOM _____
(EN LETTRES MOULÉES S.V.P.)

RUE _____

VILLE _____

PROVINCE/ÉTAT _____ CODE POSTAL/ZIP _____

OFFREZ LE PLAISIR DE LA BONNE CHÈRE.

Laissez-nous vous offrir un cadeau! Nous expédierons des livres de cuisine directement aux destinataires de votre choix si vous nous donnez leurs noms et adresses. N'oubliez pas de préciser les titres des livres de cuisine que vous désirez envoyer à chaque personne.

Joignez une note ou une carte personnelle pour chaque cadeau ou utilisez notre pratique carte cadeau ci-dessous.

Les livres de cuisine Jean Paré sont de parfaits cadeaux pour marquer un anniversaires, une célébration, la Fête des mères, la Fête des pères, une graduation ou une autre occasion... Collectionnez-les tous!

N'oubliez pas de profiter de la remise de 5 dollars... Achetez deux livres de cuisine par la poste et épargnez 5 dollars sur le troisième livre commandé.

▼ CARTE CADEAU ▼